Michael David de la Bazardiere

Der sarmatische Wahlschoppen oder kurtzgefasste

Erzählungen

Michael David de la Bazardiere

Der sarmatische Wahlschoppen oder kurtzgefasste Erzählungen

ISBN/EAN: 9783743637047

Hergestellt in Europa, USA, Kanada, Australien, Japan

Cover: Foto ©ninafisch / pixelio.de

Weitere Bücher finden Sie auf **www.hansebooks.com**

Historische Beschreibung
Der
Polnischen
Reichs = Täge /
Oder
Der Merckwürdigkeiten/ so bey Erwehlung
ihrer Könige vorgegangen.

Der Tod Sigismundi Augusti.

Je Königliche Familie/ so durch verschiedene Secula den Polnischen Reichs-Stab geführet/ verlohr am König Casimiro ihren letzten Stammhalter. Dieser Fürste hatte durch den Pracht der vortrefflichen Paläste/ so er aufführen lassen/ den Nahmen des Großen erworben; weil ihm solcher wegen anderer Qualitäten/ daran er einen großen Mangel / nicht konte beygeleget werden. Der Trunckenheit / Unmäßigkeit und Unzucht ware er dergestalt ergeben/ daß er auch öffentlich eine Jüdische Maitresse hielte/ welche durch ihre Gewalt über ihn den unglückseligen Nachkömmlingen Judæ große Freyheiten in diesem Königreiche/ derer sie auch noch heute zu Tage genießen/ zu wege brachte.

A   Er

Es hatte noch bey Lebzeiten mit der Stände Genehmhaltung seinen Vetter Ludwig, König in Hungarn zum Nachfolger ernennet; Allein dieser achtete Polen nicht groß/ trug dahero das Regiment darüber seiner Mutter auf/ womit diese Nation nicht allerdings zufrieden war. Inzwischen starb Ludwig, und hinterließe zwey Printzeßinnen. Weil nun die Polen lieber die jüngste/ Hedwvig, haben wolten/ als wurde ihnen hierinn gewillfahret/ und solche öffentlich vom Ertz-Bischoff von Gnesen zur Königin getrönet.

Diese Printzeßin war jung/ schöne/ und brachte ihrem zukünftige Bräutigam eine königliche Crone zum Brautschatze; dahero viele diese reiche Beute zu erlangen bemühet waren. Willhelmus, Hertzog von Oesterreich/ welchen König Ludwig selbst zu seinem Eydam erwehlet/ machte sich die meiste Hoffnung/ bevoraus/ da ihm die junge Königin nicht ungeneigt zu seyn schiene. Weil ihn aber die Stände nicht mächtig genug schätzeten/ das Reich vor seinen anfallenden Feinden zu schützen/ vermochte er ihre Einstimmung nicht zu erhalten.

Inzwischen nun/ als der Senat über seine Vorschläge deliberirte/ kamen Jagellons, Hertzogs von Lithauen Abgesandten an/ und brachten der Königin von wegen ihres Printzipalen einige Geschencke/ zugleich auch um ihre Vermählung mit gedachtem Hertzoge anhaltende. Hedwwig, so den Hertzog von Oesterreich liebte/ gab zur Antwort/ daß sie sich mit keinem ungläubigen Fürsten vermählen könte. Als nun die Stände der Königin Bedencken denen Abgesandtē hinterbracht/ auch zugleich hinzu gesetzet/ daß der Hertzog von Oesterreich schon eine große Summa Geldes hergeschossen; versprachen diese/ daß solche ihr Herr nicht allein bezahlen/ sondern auch die Christliche Religion annehmen/ und Lithauen mit dem Reiche vereinigen wolte. Welche vortheilhafftige Vorschläge der Senat ohnmüglich ausschlagen konte. Demnach gelangete der Hertzog von Lithauen den 12. Februarii 1380. in Polen an/ ließe sich tauffen/ heyrathete die Printzeßin/ und wurde mit der gantzen Nation Frohlocken zum Könige

nige gecrönet. Gantz Lithauen folgete hiernechst seines Fürsten
Exempel/ bekehrte sich zum Christenthum/ und wurde auf ewig mit
dem Reiche vereiniget.

Jagellons Nachkommen regierten von dieser Zeit an biß ins
vorige Seculum, darinn ihr Stamm mit den zweyen Sigismundis
aufhörete. Der Vater führte das Scepter von 1506. biß 1548. mit
höchstem Ruhme. Er war in der Catholischen Religion ein sehr
eiferiger Herr/ und verhinderte mit großer Sorgfalt/ daß nicht einige von seinen Unterthanen/ die dazumahl zunehmende Religion
des Lutheri ergreiffen möchten. Wir wollen uns aber hierüber
nicht aufhalten/ weil solches von unserm Vorhaben abschreitet/ be-
voraus wir entschlossen/ auch eine kurtze Erzehlung von dem Auf-
stand/ so diese Lehre in Europa verursachet/ heraus zu geben. Allein wieder auf Sigismundum zu komen/ so kan man ihn nur eines
eintzigen Fehlers beschuldigen/ so er während seiner Regierung be-
gangen/ indem er Preussen mit Alberto, Marggrafen von Bran-
denburg/ und Groß-Meister des Teutschen Ordens/ getheilet/
welcher/ ohngeachtet seines Gelübds/ zur Lutherischen Lehre trate/
sich verheyrathe/ und einen Theil Preussens verließe/ damit er die
Investitur des andern erhielte. Sigismundus ermangelte zwar
nicht seinen Fehler zu verbessern/ sintemahl er 1534. öffentliche Edi-
cta wider die Lutheraner anschlagen ließe/ in welchen er seinen Unterthanen bey schwerer Straffe verbote/ ihre Kinder auf einige Uni-
versitäten/ so dieser Lehre ergeben/ zu senden.

Sigismundus Augustus sein Sohn und Nachfolger aber/
hat nebst der Crone seines Vaters Frömmigkeit und Verstand nicht
geerbet. Sintemahl er die Lutheraner in das Königreich ließe/ und
ihnen zu predigen vergönnete/ wodurch viel Polen zu ihrer Lehre bekehret wurden. Man beschuldigte zwar den König nicht selbst/ daß
er ihrer Religion zugethan/ doch ware es schon genug/ daß sie Schutz
bey ihm hatten/ wodurch das Reich nachfolgends in großes Unglück
geriethe.

Über

Uber dieses verliebte er sich noch kurtz vor seinem Ende in eine sehr schöne und annehmliche Polnische Dame, deren Schönheit aber mit der diesem Geschlecht gewöhnlichen Tugend nicht vergesellschaftet war/ sintemahl sie das Vermögen/ so sie über diesen Monarchen hatte/ dergestalt mißbrauchte/daß niemand zu seiner Gunst/ noch zu einiger Charge als durch ihre Recommendation gelangen konte. Weil aber dieser Dame Jugend sich nicht wohl zu dem Alter des Königes schickte/ als wurde er dermaßen durch ihre öfftern Beywohnungen entkräfftet/ daß er hierdurch seinen Tod schleunigst beförderte.

Doch ist eben der Tod / welchen ihm diese Maitresse verursachte/ nicht vor sein größtes Unglück zu rechnen/ sintemahl sie während der seiner Kranckheit niemand vor ihn ließe/ daß sich seine Prinzeßin Schwester glücklich schätzen muste/ wenn sie einmahl mit ihm reden kunte; ja auch die Aertzte selbsten durfften sich/ seiner Unpäßligkeit zu erkundigen/ keines weges gelüsten lassen. Solches aber zu ersetzen/ bediente sie sich einer alten Zauberin/ so durch ihre Beschwerungen dem Könige vorige Gesundheit wieder zu verschaffen verhieße. Allein dieser unglückselige Printz muste den 7. Julii 1572. zu Chinitz in Lithauen seinen Geist/ in den Armen dieser Beherrscherin / aufgeben. Also erreichte die Jagellonische Familie/ welche fast zwey hundert Jahr dem Polnischen Reiche Könige gegeben/ durch den Hintritt dieses Fürsten auch seine Endschafft/ und gab dannenhro Gelegenheit zu allen denjenigen Händeln/welche wir ietzo beschreiben werden.

Erwehlung Henrici Valesii, Caroli IX. Königs in Franckreich Bruders.

Durch den Tod Sigismundi erlangeten die Polen das Wahl-Recht wiederum/ welches unter der Regierung des Jagellonischen Hauses nicht so wohl abgeschaffet/ als unterlassen laffen worden. Denn weil das Hertzogthum Lithauen diesem Hauſe erblich zugehörete/und den Polen an der Vereinbarung deſſen mit dem Königreiche viel gelegen war/ ſo konten ſie dieſe Familie nicht wohl vorbey gehen. Nachdem nun niemand mehr vom Königlichen Stamme übrig ware/ muſten ſie nothwendig einen ausländiſchen Printzen ſuchen.

Jacobus Vchanski, Ertz-Biſchoff von Gnesne, und Primas des Königreichs/ ſo während Interregni das Regiment führet/ thate dem Adel des Königs Abſterben zu wiſſen/ und ſchriebe einen Reichs-Tag auf den 7. Jan. aus/ um allda wegen der Republic Ruhe zu deliberiren/ biß ein neuer König erwehlet würde. Eben auf dieſem Reichs-Tage den 7. April 1573. wurde auch die Wahl vorgenommen.

Es funden ſich nun ſehr viel Competenten der Crone/ unter welchen auch der Czaar oder Groß-Hertzog von Lithauen war; denn weil Sigismundus einsmahln geſaget/ die Polen ſolten ihre Könige von Mütternacht holen/ ſo hatte man ſonderlich auf dieſen keine Abſicht/ ſo doch wegen dieſes Barbaren Hochmuth bald wieder verſchwunde.

Johannes III. König in Schweden/ hielte nebſt ſeinen Söhnen gleichfals um die Crone an. Er war etliche Jahre ſeines älteſten Bruders Erichs XIV. Gefangener geweſen/nachdem er aber loß kommen/ warff er den Bruder 1568. vom Throne/ und ließe ihm die Feſſel/ ſo er zuvor getragen/ auch anlegen. Guſtavus de Vaſa ſein Vater hatte die Catholiſchen Biſchöffe aus Schweden verjaget/ und den Lutheraniſmum eingeführet. Dannenhero hielte man Johannem auch vor einen dieſer Religion Verwandten/ weil ſein Vater ſolche bekennet. Wurden demnach Vater und Sohn von dem Polniſchen Senat ausgeſchloſſen/weil ihre Zeit noch nicht kommen ware.

Man ſchlüge auch den jungen Hertzog von Preuſſen vor/ weil er aber in der Lutheriſchen Lehre auferzogen/ auch über dieſes wenig Verſtand hatte / wurde man genöthiget/ ſeiner hinkünfftig nicht

ferner

ferner zu gedencken. Ob ihm nun dieses schon alle Gedancken zum
Throne vertreiben sollen/ bekam er dennoch einen starcken Anhang.
Sintemal ihn seine Glaubensgenossen allerdings zum Könige ver-
langten/ damit sie seines Schutzes und Ansehens desto besser genies-
sen könten. Allein die Catholicken spotteten sich mit diesem Vor-
schlage/ und wurde nicht ferner davon erwehnet. Virley, Woy-
wade von Cracau/ war der vornehmste von dieser Faction. Der
Hertzog hatte ihm/ wie ich berichtet/ eine ansehnliche Summa Geldes verehret/ welche ihn zwar zu seiner Parthey gebracht/ doch weiter nichts helffen können.

Der Chur-Fürst von Sachsen und Marggraf von Anspach/
thaten auch Ansuchung/ weil sie aber Lutheraner und Teutsche wa-
ren/ wurden sie beyde abgewiesen.

Stephanus Battori, Fürst von Siebenbürgen/ wurde endlich
den 21. Maji 1571. zum Könige erwehlet. Seine Frömmigkeit/
Verdienst und Bescheidenheit hatte ihm sowohl die Ehrerbietung
seines Volcks/ als auch die Hochachtung seiner Nachbarn zuwege
gebracht. Er hielte sich noch nicht gnugsam in seinem neuen Fürstenthum befestiget/ derohalben er diesesmahl um die Crone nicht an-
suchte.

Man hatte aber eine solche gute Meynung vor ihn gefasset/
daß seine Parti dergestalt wuchse/ daß er zwey Jahr hernach dasjenige noch erhielte/ warum er anzuhalten sich nicht getrauet.

Wilhelm Rosenberg/ aus dem Ursinischen Hause/ Premier
Ambassadeur des Römischen Käysers/ welcher vor seinen Sohn
Ernestum um die Crone werben ließe/ ward höchst verwundert/
als man ihn anbote er mochte zum Præjudiz seines Principalen
vor sich selbst arbeiten. Allein dieses Mannes Großmüthigkeit
machte/ daß er die Treue seinem Glücke/ und die Redligkeit dem
Scepter vorzoge.

Der Käyser wuste wohl/ daß er sich mehr auf dieses Abgesandten Treu/ als Geschicklichkeit/ eine wichtige Sache auszuführen/ zu
verlassen; derowegen schickte er noch einen andern Minister mit
ihm/

ihn/ auf den er ein großes Vertrauen setzte/ und welcher sich etliche
Jahre an dem Hofe des verstorbenen Sigismundi Augusti aufgehalten. Allein wie geschickt man auch diesen Minister zu Wien
hielte/ so ware er doch in allen seinen Verrichtungen unglücklich.
Er nennete sich Andreas Durithius, von Geburt ein Hungar/von
sehr vornehmen Geschlechte. Auf dem Tridentinischen Conci-
lio hielte er zwey vortreffliche Orationes, weßwegen auch noch heutiges Tages die Römische Kirche den Verlust dieses herrlichen
Subjecti, so ihr unschätzbare Dienste leisten können/ wo es nicht der
empfangenen Gaben mißbrauchet/ zu betauren Ursache hat. Anno
1562. war er Bischoff zu Knin in Croatien/ dahero er von der Hungarischen Clerisey als Deputirter nach Trident gesendet wurde.
Nachgehends überkam er auch das Bißthum Fünffkirchen. Allein
die Lehre und freyes Leben so vieler Ketzer/ mit welchen er ohn unter-
laß umgienge/ verderbten ihm das Gemüth und Sitten dergestalt/
daß er nicht allein sein Bißthum verließe/ sondern sich auch gar ver-
heyrathete. Demnach verlohre er hierdurch des Käysers Maximiliani Gewogenheit nicht/ sondern wurde von ihm zum Residenten
am Polnischen Hofe ernennet. Daselbst heyrathete Durithius
zum andern mahl/ und nahme des Grafen Tarnovvski hinterlassene Witbe/ deren Bruder Samuel Zborovvski, unter der Regierung Stephani Battori, enthauptet wurde.
    Einen solchen Menschen/ wie dieser war/ muste der Käyser Ma-
ximilianus, dessen Hof mit allerhand Ketzern angefüllet/ und welchen man selbst in Verdacht hielte/ daß er ihren Meynungen bey-
pflichtete/ haben. Und dieses hatte ihn auch mehrentheils bewo-
gen/ daß er Durithius nebst Rosenberg in Polen sendete. In
der That hatte auch seine Verrichtung keinen schlimmen Anfang;
Denn als die Zborovvskische Faction sahe/ daß dieser alte Bischoff
des Käysers/ den sie nicht weit von ihren Meynungen entfernet
glaubten/ Parti hielte/ brächten sie einen sehr mächtigen Anhang auf
seine Seite.

Ob nun schon diese Aufführung dem Käyser einige Adhærenten erworbe/ so risse sie doch auch wieder viele von seiner Parti
ab. Johann Franciscus Commendon, Päbstlicher Nuntius,
ärgerte sich dermaßen über solches Verfahren / daß er augenblicks
seine Parti verließe. Denn dieser vortreffliche Mann urtheilte
gantz glücklich/ daß es nicht genug wäre/ daß der Polnische Thron
mit einem Catholischen Regenten besetzet würde/ sondern dieser müste auch von solchen erwehlet werden/ welche sothanen Glauben be-
kenneten. Weil ihm nun billig als einem Cardinal dergleichen
Gedancken zu haben/ zukame/ sonderlich da er die Person ihrer Heiligkeit selbsten vorstellete; als unterließe er nicht/ durch menschliche
Klugheit diejenigen Mittel zu suchen / welche sein Project ins
Werck zu richten fähig wären/ worinnen er aber eine solche richtige
Mensur hielte/ daß iederman/ sowohl den Eifer seiner Religion/ als
Erfahrung der politischen Wissenschafft rühmen muste.

Erstlich bemühete er sich die Catholicken wieder zu vereinigen.
Der Primas Regni war ein sehr unruhiger Kopff/ welchen man
lange im Verdacht hatte/ als hielte ers mit den Ketzern/ doch wurde
er endlich durch des Cardinals Vermittelung auf die Catholische
Seite gebracht. Der Bischoff von Cracau aber wolte weder seinen
Vorstellungen noch Bitten Gehör geben/ indem er sich gäntzlich
Johanni Firley, der Crone Groß-Feld-Herrn/ und vornehmsten
Haupte der Ketzerischen Faction/ ergeben hatte. Weil nun ihre
Gemüther zu gewinnen gantz unmüglich schiene/ bemühete sich der
Cardinal Uneinigkeit zwischen gedachten Firley und seinen Religi-
ons-Verwandten/ Petrum Zborovvski anzurichten. Dieser
ware Woywode von Sandomir, und hatte unter der Regierung
Sigismundi Augusti eiferst nach des Groß-Feld-Herrn Stelle
getrachtet. Derohalben hielte er sich an Firley, und bate ihn be-
stens bey des Königs Maitresse zu recommendiren/ so er aber
selbst vor seine eigene Person zu thun öfters vergebens bemühet
war. Wie nun dieses Zborovvski mercket/ warff er einen grossen Haß auf ihn; doch hatten sie sich ietzo wegen des gemeinen Interesse

esse ihrer Lehre/wieder vereinigen müssen. Demnach siele es dem Nuncio nicht schwer/ die noch nicht gantz außgelöschte Flamme wieder auffzuschüren; er adressirte sich an Andreas Sborovvski, so allein von diesem Hause noch Catholisch war/ und zeigete ihm/ daß Firley sehr weit außsehende Gedancken hegen müste; indem er täglich Zusammenkünffte bey sich anstellete/ und durch sein grosses Ansehen seinen Anhang eusert zu vermehren sich befliße. Zborovvski entsatte sich dergestalt ob diesem Bericht/ daß er alßbald der Ketzer Parthey verließe; so wuste auch der Cardinal diesen Zwiespalt so artig zu unterhalten/ daß er folgends die gantze Faction auf seine Seite brachte. Durch dergleichen Kunstgriff bemeisterte er sich auch Stanislai Karnkouski, Bischoff von Kiau, und Alberti Laski, Wäywoden von Siradien; Sintemal er iedweden/wo er am schwächsten/ anzugreiffen wuste; die Furchsamen durch Trohungen schreckte/ und die Ehrgeitzigen durch Loben überwunde.

Mit den Lithauern hatte er gleiches Glück. Nicolaus Christophorus Radzivil, Wäywode von Wilna/ und Johann Kotkevvski, Groß-Feld-Herr ſ●● die mächtigsten/ und Häupter der beyden vornehmsten Familien; Commendon hatte sie von der Ketzerey beyde dem Schoße der Kirchen einverleibet: Dannenhero es ihm leicht fiele/ da sie sich wegen der Bekehrung noch verbunden achteten/ den Neid/ so sie wegen ihrer Chargen gegen einander hegeten/ durch seine Autorität auffzuheben. Kürtzlich/sie thaten alles was er nur begehrte/und verhießen bey der Wahl sein Belieben vor ihre Richtschnur anzusehen; so sie denn auch als rechtschaffene Leute gehalten.

Dessen war man also versichert/ daß ein Catholischer Printz zum Thron gelangen müste; in Ansehung/ daß diese zwey Competenten/ deren wir gedacht/ so wohl wegen ihrer hohen Geburth/ als Verdienst und starcken Adhærenten denen andern weit vorgiengen.

Erneſtus von Oesterreich/ des Käysers Maximiliani Sohn/ hatte ohne Zweiffel das Glück vor andern gehabt/ wo ihm nicht sein

Schick-

Schickſaal einen neuen ſehr gefährlichen Neben-Buhler erwecket.
Roſenberg trieb die Sache mit gröſſerer Treue als Fleiſſe; Der
Cardinal Commendon beobachtete ſein Intereſſe mit aller Ge-
ſchicklikeit / ſo man von einem ſolchen erfahrnen Venetianer wün-
ſchen können.   Allein der Käyſer ſchlug die Conſilia dieſes vortref-
lichen Miniſters in Wind; denn die Wechſel-Briefe blieben etwas
zu lange aus.   Dannenhero ſeine Adhærenten ihn gleichſam wider ſeinen Willen zu verthädigen / verdroſſen wurden.

Ein unvermutheter Zufall machte ſeine Sache folgends zunichte.   Sintemahl der Abt Cirus, Käyſerlicher Reſident am
Polniſchen Hofe von unterſchiedenen Jahren her / in Preuſſen in
Cavaliers-Kleidern ertappet / ihm alle ſeine Briefe und geheime In-
ſtructiones genommen / und dadurch das gantze Myſterium entdecket worden: Man ſtraffte diejenigen / ſo ihre Stimmen verkauffen wollen; welche denn ſo wohl die Schande als fehlgeſchlagener
Profit ſchmertzten.

Die Bömiſche Edelleute / ſo Roſenbergs Geſandſchafft zu
zieren / mit über kommen / warnten die Polen / mit welchen ſie ſtetig
truncken / öffters / daß ſie ſich vor dem Oeſterreichiſchen Hauſe / welches ſie in die Knechtſchafft geſetzet / hüten ſolten.   Sintemahl ihr
Königreich eben ſo wohl als Polen ein Wahl-Reich geweſen / ſo bald
es aber Oeſterreich in die Hände gerathen / erblich an dieſes Haus
wäre verknüpffet worden.   Welchen nützlichen und treumeynenden
Rath man nicht verachten durffte.

Der Chur-Fürſten Agenten führten ſolches der Republic
gleichfals zu Gemüthe; indem ſie fürchteten / das Käyſerliche Haus
möchte ihnen zu mächtig werden.

Petrus Miskouski, Biſchoff von Plosko hielte immer feſte
bey der Käyſerlichen Parti, ob er ſchon von den übrigen allen verlaſſen wurde.   Derohalben ihn die Politici wegen dieſes unzeitigen
Eifers vor ziemlich ungeſchickt ausſchreyen.   Denn ob ſchon einige ſeine Beſtändigkeit loben wollen / ſo wird er doch von den meiſten
als ein unbeſonnener Starrkopff beſtraffet.

Ein

Ein geschickter Minister weiß allezeit Vortheil aus seinen Verrichtungen zu ziehen/ ob schon seines Principalen Vorhaben nicht allemahl glückliche Endschafft erreichet. Denn als der Päbstliche Nuntius sahe/ daß alle seine Bemühungen vor das Haus Oesterreich vergebens waren/ trate er gleichfals wie die andern von ihm ab/ und führte des Hertzogs von Anjou Partie mit solchem Fortgange/ daß dieser Printz/ ohngeacht der Ketzerischen Faction/ dennoch erwehlet wurde.

Die Frantzöischen Abgesandten folgeten bey den zweyen letzten Erwehlungen dieses Ministers Exempel. Denn ob sie schon durch ihre Intriguen keinen Frantzöischen Printzen auf den Polnischen Thron erheben kunten/ so hatten sie doch eine sonderliche Freude der Teutschen Vorschläge zu nichte zu machen/ und das H. Collegium mit zweyen Cardinälen zu versehen.

Henricus Valesius, Hertzog von Anjou, Caroli IX. Königs in Franckreich Bruder/ war der gefährlichste Competent vor Ernestum. Die Jalousie so Franckreich gegen das Oesterreichische Haus heget/ war die vornehmste Ursach/ so seinen Bruder den König und die Königliche Frau Mutter bewogen/ ihme die Polnische Crone aufs Haupt zu setzen. Dieser Printz hatte in gantz Europa den Ruhm eines grossen Feld-Herren erworben/ weil ihm das Glück noch nie seine Mißgunst gezeiget. Er hatte die Hugenotten in allen Treffen/ so er mit ihnen gewaget/ besieget/ daß auch der König selbst sein Glück beneidete/ und ihm lieber zu einer fremden Crone verhelffen/ als die seinige mit ihm theilen wolte.

In Franckreich betrachtete man die Polen als Leute der neuen Welt/ und diese hatten von denen Frantzosen dergleichen Gedancken; indem beyde Nationen einander unbekandt waren. GOtt/ der offte durch geringe Leute seine gröste Thaten verrichtet/ bediente sich in dieser wichtigen Sache eines solchen Menschen/ welchem der König wohl nicht die allergeringste Heimligkeit vertrauet hätte.

Johannes Crasoski war der erste so dem Polnischen Adel von des Hertzogs von Anjou Qualitæten Meldung thate/ brachte auch

zugleich

zugleich den König in Franckreich und die königliche Frau Mutter auff die Gedancken/ diesem jungen Printzen den Poln. Reichsstab in die Hände zu spielen. Weil nun dieser Einschlag so wohl ihrem Ehrgeitz schmeichelte/ als vernünfftig schiene/ wolte man solchen nicht verachten.

Dieser Crasoski war von Person etwas kleiner als in Polen gewöhnlich; als er in Franckreich kam/ wurde er sehr wohl von der Königin empfangen. Seine kleine doch wohl proportionirte Leibes-Statur/ ersetzte ohne den alten Adel/ die grosse und annehmliche Klugheit/womit ihn die Natur begabet. Der prächtige Hof gefiele ihm über alle massen/ iederman caressirte ihm/ und er gelangete zu grossem Reichthum; wie er nun etwas zu Jahren kommen wolte er sein Vaterland wieder sehen/ oder vielmehr sich darinnen selbst sehen lassen. Sigismundus Augustus regierte bey seiner Ankunfft noch in Polen. Alle Herren und Grossen waren begierig sich mit ihm vom Frantzösischen Höf/ allwo er sich eine geraume Zeit aufgehalten/ in Gespräch einzulassen. Er muste bey allen ihren Gastereyen seyn/ und führte mehrentheils den Discours von dem Hertzog von Anjou, welchen er seinen Lands-Leuten dermassen rühmte/ daß nach dem Tode des Königs/ sie die Augen auf keinen vollkommnern Printzen werffen kunten. Crasoski stärckete sie in dem Entschluß/ wozu er sie gebracht hatte/ und wurde von ihnen nach Franckreich geschicket/ um den König und die Königin zu vermögen/ daß sie Abgesandten nach Polen schickten/ und um die Crone vor den Hertzog von Anjou, dessen Parti schon starck genug die andern zu überwältigen/ anhalten lassen möchten. Man sendete ihn so schleunig als er ankommen wieder zurück/ und unterliesse nicht dem Versprechen nach Abgesandten nach Polen zu schicken/ und dieser kleine Edelmann führte seine Verrichtung mit nicht geringerm Fortgange/als Glücke er sie angefangen hatte.

Carolus IX. ernennete zu seinem Abgesandten Johannem von Monluc, Bischoff und Grafen von Valentia, welchem er Gilles de Noailles Abt von Lille, und Guy de Saint Gelais, Herrn von

von Lanſac zuordnete; So dieſe zwey letztern nicht ſonderlichen Ruhm in andern Verrichtungen erworben/ würde es ſchwer fallen zu ſagen/ ob ſie in dieſer Geſandſchanfft wohl oder übel ihre Schuldigkeit in acht genommen. Sintemahl Monluc ſo ungerecht handelte/ daß er ſich allein die Ehre dieſer Verrichtung zueignete; dahero auch die Polen ſich nur über ihn wegen der vielen vergeblichen Verheiſſungen beſchwerten.

Dieſer Prælat nahm alle nur erſinnliche Kunſt-Griffe zu Hülffe/ und thate denen Polen ſolche erſchreckliche Verſprechungen/ daß Franckreich mit allen ſeinem Reichthum nicht capabel war/ ſeines Abgeſandten Worte zu halten. Er verkleinerte diejenigen bey ſeinen Principalen/ ſo doch das meiſte zur Wahl des neuen Königes beygetragen; indem er ſeinen Ruhm durch Verachtung derjenigen/ ſo Franckreich die beſten Dienſte geleiſtet/ beſtätigen wolte.

Unter dieſen Fehlern ließe er doch eine große Geſchicklikkeit ſpüren/ und erſuchte die Polen um die Vergünſtigung in ihr Königreich zu gehen; welches die Käyſerliche Abgeſandten nicht beobachtet/ ſondern ſich eben der Freyheit bedienet/ als wenn ſie in ihres Principalen Erb-Länder reiſeten. Allein Petrus Zborovvski verurſachte ihnen bald eine Reue dieſer unbedachten Kühnheit. Denn dieſer Wäywode hatte ihnen befohlen in der Hauptſtadt ſeiner Provintz zu verbleiben; als ſie aber heimlich daraus gangen/ ließe er ſie zurück holen/ und dergeſtalt beobachten/ daß ſie ehe Staats-Gefangenen/ als Käyſerlichen Abgeſandten gleich gehalten wurden.

Monluc ließe ſeine vortreffliche Conduite auch noch in einer andern Sache hervor leuchten. Denn wie alle Abgeſandten ſehr prächtige Tafel hielten/ und Roſemberg nur die vornehmſten des Reichs tractirte; ließe Monluc auch dem geringſten Edelmann die ſeinige offen ſtehen. Welche Höflikkeit ihme den Adel des andern Rangs auffs höchſte verbunde/ als welcher der Teutſchen Hochmuth abgeſagter Feind ware.

Der Käyser empfunde allzu langsam/ daß er durch seine Nach-
läßigkeit und Zauderung die Sache versäumet/ und daß nun keine
Hülffe mehr übrig wäre. Denn diejenigen/ so seine Parti allbereit
verlassen/ wolten die Kaltsinnigkeit auch noch an ihm rächen. Nichts
als der Hochmuth sonderte seine Adhærenten von ihm. Denn er
sich anfangs eingebildet/ die Polen würden Gesandten an ihn schi-
cken/ und um einen König vor ihre Republic aus seinem Hause ansuchen.

Als dieses so vorgienge/ wurde der Cardinal/ Johannes Franciscus Commendon, Päbstlicher Nuntius zur Audientz gefüh-
ret/ und ihm die oberste Stelle zwischen dem Ertz-Bischoff von Gnesen und Bischoff von Cracau eingeräumet. Er ermahnete den A-
del vor allen Dingen einen Catholischen König zu wehlen/ und hielte
eine solche scharffe Rede wider die Protestanten/ daß der Woywode
von Sandomir sich nicht enthalten konte darzwischen zu reten/ und
ihm vorzuhalten/ daß er ein Ausländer/ und kein Senator, hätte dahero nicht Ursache sich dieser Sache so genau anzunehmen. Cot-
kevviski und Laski stunden auf/ und wolten ihm mit dem Säbel zu
schweigen nöthigen. Allein der Cardinal stillete den Aufstand/ und
richtete seine Rede mit solcher Bescheidenheit gegen den Woywoden/
als er nicht nöthig gehabt/ ihm antwortende/ daß er wohl wüste/ daß
das Recht eines Senatoris ihm nicht zukäme/ doch bäte er zu beden-
cken/ daß aus einem Senatori auch nicht der gantze Rath bestünde.
Darauf fuhr er in seiner Rede fort/ welche so lang währete/ daß man
nicht ehe als folgenden Tag dem Käyserlichen Ambassadeur Audientz geben konte.

Dieser fieng seine Rede durch ein Condolentz-Compli-
ment, wegen Hintritt des verstorbenen Königs an/ und offerirte
hernach Ernestum, Ertz-Hertzog von Oesterreich/ um seine Stelle
wieder zu besetzen. Die Vortheile/ so er der Nation vorschluge/
waren von keiner sonderbaren Wichtigkeit. Sintemahl sie mei-
stens darinn bestunden/ daß man sich wegen der Dependentien Preussens und Liefflands/ so die Polen in Besitz hatten/ gütlich vergleichen/
und

und den Hungarischen Wein ohne Zoll ins Königreich führen lassen
wolte. Allein die Polen hatten nicht Lust den Wein um solchen
Preiß zu kauffen.

Der Spanische Abgesandte Don Petro Farfardo empfieng
einen großen/ sonderlich vor die Spanier empfindlichen Schimpff.
Denn er prætendirte die Præcedentz vor Monluc; weil ihm aber
die Republic solche nicht geben konte/ wolte er lieber ohn verrichte-
ter Sache nach Hause kehren/ als sich seines Rechts begeben.

Des folgenden Tages/ welches war der 10. April, wurde
Monluc eingelassen/ er funde die Versammlung vor sich in aller er-
wünschter Disposition. Seine Rede war höflich/ voll Schmeiche-
ley/ doch ohne Erniedrigung; und um solche mit des Käyserlichen
Abgesandtens Vortrag zu vergleichen/ so schiene es/ als wenn Ajax
und Ulisses um des Achillis Waffen zanckten. Er stellete seines
Printzen Qualitæten mit besserer Aehnligkeit und Nachdruck vor/
als seines Competitorn Gesandter thun können. Denn das
Subjectum war an sich selbst vortrefflicher/ und wurde auch durch einen geschicktern Minister tractiret/ welcher nichts vergaße/ so seinem Herrn Gunst bey einer kriegerischen Nation zuwege bringen
kunte. Er thate gleichsam eine kurtze Lebens-Beschreibung dieses
jungen Helden/ und zehlete seine Jahre an denen Siegen/ so er erhalten. Er fügte hinzu/ daß man sich von einem so weit kommenden Fürsten nichts zu befahren/ und seine Appanage in Franckreich
mächtig wäre/ eine Flotte auszurüsten/ durch welche sich Polen Mei-
ster des Baltischen Meers machen kunte. Uber dieses wolte er entweder in Franckreich oder Polen hundert junge Edelleute von der
Nation in allen Wissenschafften und ritterlichen Ubungen unter-
richten lassen; so auch etwa die Republic in Kriegs-Zeiten einiger
Infanterie benöthiget/ so verpflichtete sich dieser Printz vier tausend
Mann zur Republic Diensten auf seine Kosten zu werben und zu
unterhalten. Wenn aber etwan die Versammlung an der War-
heit seines Versprechens zweiffelte/ wolte er nebst seinen Collegen

so

so lange Gefangene seyn/ biß die Republic alle erwünschte Versicherung von seinen Principalen empfangen.

Ob dieser Rede entsetzten sich diejenigen/so der andern Competenten Parthey hielten/nahmen daßenhero ihre Zuflucht zu Schmäh-
Schrifften/darinn sie viel von S. Bartholomæi und der Hinrich-
tung der Hugenotten gedachten/diesen Printzen als einen Mitge-
hülffen sothanes Blut-Bads anklagende. Allein diese Pasquille
hatten weniger Würckung als ihre Verfertiger gewünschet. Dahero sie die Noth andere Mittel zu ergreiffen zwunge; doch hatte
die That kein besser Glück/ als zuvor die Worte verspüret.

Man hörte auch hernach die Gesandten der andern Fürsten/
derer Reden aber nach Monlucs Vortrag gantz unnützlich waren.
Man wurde auch zugleich innen/ daß die Lutheraner allerhand
Vorwand die Wahl zu trennen suchten/indem sie sich nicht mächtig
genug schätzeten/ den Fürsten/ so sie wünscheten/ auf den Thron zu
heben. Derohalben schlugen sie einen Pinasten oder Einheimischen
vor; Zamoski aber machte diesen Vorschlag bald zunichte. Denn
ob man ihn schon schmeichelte/ daß auch ihn das Loß treffen könte/
ließe er sich doch durch die Hoffnung nicht verblenden/ sondern sagte
öffentlich/ daß diejenige/ so sich der Crone würdig schätzten/sich anmel-
den möchten. Weil aber niemand solches thun wolte/als schritte
man ohne ferner Bedencken zur Wahl.

Als inzwischen der Senat sahe/daß die Stimmen noch auf drey
Printzen gefallen/ wolte er einen Entschluß fassen/ welche wohl zu
approbiren. Der Woywode von Cracau erklärete sich vor den
König von Schweden: allein Corkevviski remonstrirte/daß solchen die Catholicken nicht annehmen könten. Der Bischoff von
Plosko hielte noch immer beständig bey Ernesto von Oesterreich;
allein dieses Printzen Contrefait/ so er dem Senat zeigete/war nicht
bezaubrend genug/ die Anzahl seines Hauffens zu vergrössern. Und
dieser Prælat mochte seine Ursachen so viel er wolte / wiederholen/ so
waren doch alle seine Bemühungen vergebens. Der Bischoff
von Cujavien hingegen/ so Henrici Prætensiones defendirte/
funde/

funde solche geneigte Zuhörer/ daß es ihme nicht schwer fiele/ diejeni=
gen Stimmen/ so diesem Fürsten noch mangelten/ zu gewinnen.
Denen andern allen ware man in die Rede gefallen; wie aber dieser
seine Proposition thate/ wurde kein ander Gethöße gehöret/ als das
durch das Zuruffen der Beystimmenden erreget wurde. Doch mu=
ste auch dieses nach seinem Belieben geschehen/ indem er der genom=
menen Abrede nach zu gewissen Zeiten das Angesicht abwischte/ wel=
ches die Losung zu diesem Freuden-Geschrey geben solte.

Etliche Tage vor Pfingsten schickete Monluc Johann
Choisnin seinen Secretarium in Franckreich/ um ihre Majestät
zu berichten/ daß man unabläßig mit der Wahl beschäfftiget wäre/ in
welcher der Hertzog von Anjou zum König solte ernennet werden.
Dieser Bericht war auch gewiß genug/ indem der Printz fast alle
Stimmen erhielte.

Die Protestanten wolten zwar neue Schwürigkeiten machen/
allein sie hatten eben denselben Ausgang wie die vorigen. Cchois-
nin, in der Relation 1574. von dieser Verrichtung/ beschuldiget den
Primaten Regni einiger Ubereilung; denn als er gesehen/ daß
Henrich fast alle Stimmen bekomen/ proclamirte er ihn den Son=
nabend vor Pfingsten/ abends um 7. Uhr drey mahl öffentlich vor ei=
nen König/ dawider der Gegentheil allemahl protestirte/ weil die
Gewohnheit nicht ware in obacht genommen worden. Deß der Ertz=
Bischoff hat das Recht den König zu erneüen/ die Marschallu aber ihn
zu proclamiren. Der Autor füget noch eine andere Ursache der
Diffidenten Protestation bey/ weil nehmlich Henrici Abgesandten
den Article von der Religions-Freyheit/ so ihnen von sie præsentiret worden/ nicht unterschreiben wollen.

Choisnin war vor dem Feste abgereiset/ und hat also das/ so er
allhier anführet/ nicht selbsten gesehen. Ein ander Geschicht=
Schreiber/ so gegenwärtig/ und viel bey dieser Sache zu thun ge=
habt/ bekennet/ daß der Primas viel Unruhe verursachet. Er
straffet ihn wegen seiner Zauderung und Unverstands/ daß er die
Nennung des Königs biß auf den folgenden Tag verschoben. Doch

C   kan

can dieſes noch einiger maßen vertheidiget werden. Denn weil die
Proclamirung eines Königes keine Sache/ ſo im Finſtern geſchehen
ſoll/ muſte ſolche nothwendig/ weil man von der Nacht übereilet / biß
auf folgenden Tag verſchoben werden. Dieſes iſt der Unterſcheid/
den ich zwiſchen obangeführten Geſchicht-Schreiber und Antonio
Maria Gratiani Legations-Secretario, ſo wohl vor den geſchick-
teſten Miniſter in dieſer Affaire zu halten/ angemercket.

Doch mochte der Primas entweder ſich übereilet/ oder die Sache verzögert haben; ſo wuſten die Diſſidenten ſich dieſes Fehlers
gar weißlich zu bedienen. Denn weil ihnen das Pfingſt-Feſt/ſo den
10. May dazwiſchen einfiele/ einige Zeit gabe/ verbunden ſie ſich mit
Firley, die Erwehlung Heinrichs wieder umzuſtoſſen. Die Catholicken aber wolten ſolche/ weil ſie ihren Feinden entgegen/ be-
haupten/ ſtelten ſich dannenhero in Ordnung/ ſie des Senats Befehl
wider ihren Willen zu gehorſamen/ mit Gewalt zu zwingen. Firley ſtellete ſich nebſt ſeinen Collegen zur Wehr; Corchevuiski,
Laski und die übrige Catholiſche Herren ließen das Geſchütz gegen
ſie richten. Die Prelaten aber unternahmen die zwey Partheyen
zu vereinigen/ſchickten derowegen Gratiani an die Catholiſchen zu
bitten/ daß ſie keine Gewalt brauchen möchten; worauf dieſe zur
Antwort gaben/ daß ſolches nur die Diſſidenten in Schrecken zu ſe-
tzen geſchehe. Es richtete auch in der That ſo viel aus/ daß die Pro-
teſtanten/ aus Furcht eines unglücklichen Ausganges ſich endlich
zur Raiſon bringen ließen.

Der Primas ernennete hierauff Henricum Valeſium zum
König in Polen und Groß-Hertzog in Lithauen; Der Woywode
von Cracau / als Groß-Marſchall verrichtete die erſte Proclamation; Opalinski, Hofmarſchall/ die andere/ und der Haupt-
mann von Samogicien die dritte im Nahmen des Groß-Marſchalls
von Lithauen. Als ſolches geſchehen/ wurde nach Monluc geſen-
det/ um die Artickel im Nahmen ſeines Principalen zu unterſchrei-
ben; welches er denn thate/ nachdem er zuvor einige Puncte/ſo ihm
nicht ſchienen/ verändert.

Es

Es wurden alſobald Abgeſandten vom Senat ernennet/ welche
Henrico dieſe glückliche Zeitung überbringen ſolten. Adam
Conarski, Biſchoff von Poſen/ und Albertus Laski, Woywo=
de von Siradien waren die zwey vornehmſte. Sie gelangeten in
Franckreich mit einem anſehnlichen Geſolge an/ und waren ſehr er=
freuet/ als ſie befunden/ daß Henrici Qvalitáten ſein Lob noch bey
weiten übertraffen. Die Könige approbirten alles/ was ihre A-
genten der Republic in ihren Nahmen verſprochen.

Unter der großen Menge der Abgeſandten befunden ſich auch
einige Proteſtanten ; dieſe verlangten/ daß ihnen der König auch Ver=
ſicherung ihrer Freyheiten gebe ; Aber der Biſchoff antwortete/ daß
der König hierinn nichts/ ſo wider die Reichs = Geſetze lieffe/ thun
könne.

Henricus merckte unter dieſem Streite/ daß Monluc etwas
eiferig mit einem von den Abgeſandten redete / fragte demnach nach
deſſen Urſache. Johann Zborovvski nahm die Rede auf : Ich
ſagte zu eurer Majeſtät Abgeſandten/ daß wo er nicht wegen dieſes
Artickels Verſicherung verheiſſen / ſo wäret ihr/ ohngeachtet unſer
Bemühung/ nimmermehr zum Polniſchen Throne gelanget/ dürf=
fet auch noch darauf keine Rechnung machen/ wo ihr ihn nicht itzo bil=
liget. Der König erſchrack ob dieſer unvermutheten Antwort; die
Franzoſen/ ſo zugegen/ meyneten/ ſie habe ihn verdroſſen. Doch es
ſey wie ihm wolle/ der König war geſchickt genug/ ſich gegen die Po=
len zu ſtellen/ als habe ſie ihm ſehr wohl gefallen.

Man erzeigte in Franckreich dieſen Ausländern alle nur er=
ſinnliche Ehre; aber niemand redete von der Abreiſe des neuen
Königes. In der Stadt gienge das Gerüchte/ daß man ihm die
Crone unter ſolchen harten Bedingungen gegeben/ daß er lieber der
erſte Prinz vom Geblüte bleiben / als ein König von ſolcher um=
ſchränckten Macht werden wolte. Als der Biſchoff von Poſen
ſolchen falſchen Ruff erfuhre/ redete er davon mit dem Könige und
ſagte/ daß es mit dem Polniſchen Reiche eine weit andere Bewandt=
niß hätte/ als man am Hof und in der Stadt ausſprengete/ indem

ihres

ihres Königes Gewalt keine weitere Gräntzen gesetzet/ als in denenjenigen Stücken/ worinn er unrecht handeln könne; denn gutes zu
thun hätte er völlige Macht. Sintemahl er ohne des Senats Bewilligung die Bißthümer/ Abteyen und Starosteyen/ deren einige
hundert tausend Gülden Einkommens hätten/ vergeben könne.
Endlich nachdem er unterschiednes zum Ruhme der Nation ange-
führet/ bate er seine Majestät zu betrachten/ daß ihre Republic noch
niemahls die Römer vor Ober-Herren erkennet.

Diese Rede gefiele dem Könige wohl/ doch gedachte man noch
nichts von seiner Reise/ und rüstete sich auch mit solcher Verzöge-
rung dazu/ daß er erst im Februar. 1574. in Polen ankame. Ca-
rol9 IX. und die königliche FrauMutter wolten ihm gerne einen getreuen Menschen zugeben/der von der Polen Sitten und Gewohn-
heiten unterrichtet wäre. Von denen dreyen Abgesandten waren
zwey in dieser Affaire nicht zu gebrauchen. Denn Lansac,welcher
auf Dantzig zuschiffen wollen/ damit er destoeher zurück käme/ ware
auf Befehl des Königs von Dennemarck zu Coppenhagen arresti-
ret. Monluc ware dem Adel nicht allzu angenehme/ daß man ihn
noch einmahl hinein geschicket/ absonderlich weil man seine gethane
Versprechungen nicht gehalten. Der Abt von Lille war wohl so
geschickt als Monluc zu des erwehlten Königs Diensten/ hatte auch
noch diesen Vortheil vor ihm/ daß sich die Nation im geringsten nicht
über ihn beschwerte. Er hatte die Polnische Gesandschafft in
Franckreich begleitet/ kehrte aber nun mit dem Könige wieder hin-
ein/ in der Absicht bey ihrer Majestät zu verbleiben; Allein man
brauchte seiner anderwärts nöthiger. Derohalben bekam er un-
terwegens Instructiones vom 31. Januar. 1574. nebst Befehl als
Abgesandter nach Constantinopel zu gehen/ und die Stelle seines
Bruders des Bischoffs von Dax, so nach Hause verlanget/ zu besetzen. Doch gienge er mit dem Könige nach Cracau/ und bliebe allda biß in den Monat Majum, so lange es nehmlich die Affairen seiner Principalen zuliessen. Die Nothwendigkeit hätte ihn wohl
gezwungen noch länger allda zu verweilen/ wo nicht der Cardinal

Com-

Commendon sich des neuen Königes angenommen. Der Nuntius merckte wohl / daß die Ursache / warum Monluc nicht wieder käme / ebenfals auch an der Zurückkunfft seiner Collegen hinderlich wäre; derowegen hinterließ er den Legations-Secretarium Gratiani dem Könige / um sich seines Raths zu bedienen / welcher ihrer Majestät auch mit solcher Treue beystunde / daß sie ihm in allen Stücken folgete. Denn sie sahen wohl / daß solche nicht allein die Religion / sondern auch; Policey in guten Stand bringen würden / welches unverständige Leute sonsten vor widerwärtige Dinge halten.

Des Königs Ankunfft verursachte eine solche Freude bey der Nation / daß sie des Schmertzens wegen des langen Harrens leichtlich drüber vergaßen. Einen Monat hernach wurde er zu Cracau gecrönet / allwo er auch das Wüten der Dissidenten / so sich seiner Erwehlung widersetzet / stillete.

Der Wäywode von Cracau schlug sich nachgehends zu ihrer Parol / und erwehlte eben denjenigen Tag zu seinem tollkühnen Unterfangen / das er sich vorgesetzet / in welchem die Weyhung des Königs vorgienge. Nach geendigter Messe stieg der König auf den ihm zugerichteten Thron / wohin ihn der Ertz-Bischoff von Gnesen mit seinen Adhärenten / um die Ceremonie anzufangen / begleitete. Allein der Wäywode stunde auf / und sagte / daß alle diese Zurüstung vergebens / wo der König ihre Privilegia zu erhalten / sich nicht verpflichtete. Denn in solchem Fall er und seine Collegen sich der Crönung widersetzen wolten. Es entstunde zugleich ein unordentliches Getümmel in der Kirche / daß die gantze Versammlung meynte / es würde ohne Blutvergießen nicht abgehen. Der König selbst erschrack nicht weniger als die übrigen Catholicken

Als nun der Tumult immer größer wurde riethe Guy du Faur, sonst Pibrac genennet / dem Könige / daß er durch seine Autorität die Unruhe stillen möchte. Wie ihm nun der König vergönnet / in seinem Nahmen / was er vor nöthig hielte / vorzutragen / redete er den Ertz-Bischoff folgender Gestalt zu: Mein Herr Primas,

C 3   der

der König befiehlet/ daß ihr die Ceremonie, um welcher man hier zusammen kommen/ anhebet : Seine Majestät wird nebst dem Senat das übrige schon zurechte bringen: Der Ertz-Bischoff gab zur Antwort/ daß er bereit sey des Königs Befehl zu gehorsamen; fieng auch alsobald/ so wohl das Gebet/ als Werbung an/ und crönete den König. Der Wäywode und seine Collegen waren dem eüserlichen Ansehen nach bey dieser Ceremonie eben so stille/ als die andere Catholicken/ und der Wäywode segnete etliche Tage hernach dieses Zeitliche. Pibrac Verstand und Hertzhafftigkeit wurde so wohl von dem Könige als der gantzen Versammlung gerühmet/ und man sahe wohl bey dieser wichtigen Affaire, was eines Fürsten redliche und kluge Räthe ausrichten können.

Die Königin Catharina von Medices hatte dieses alles vorher gesehen/ derohalben sie dem Könige/ ihrem Sohne die geschicktesten Leute aus Franckreich mit gegeben. Ohne Pibrac befande sich auch ein Florentinischer Edelmann/ Nahmens Jacob Corbinelli, bey ihm/ so ihm die Historien Thucididis, Taciti, und den Machiavellum erklärete/ welche Autores die Florentiner allen andern Politicis vorziehen. Die Geschichte derselben Zeit geben uns zwar keinen ausführlichen Bericht von den Diensten/ so dieser berühmte Mann seinen Printzen geleistet; doch ist dieses gewiß/ daß Henricus nach seiner Wiederkunfft in Franckreich solche mit einer reichen Besoldung belohnete. An Gelehrsamkeit übertraff er alle zu seiner Zeit/ und hatte nebst einer großen Politischen Wissenschafft/ einen vortrefflichen Verstand/ welchem doch sein Ehrgeitz nichts zuvor gabe/ indem er sich in die Conjuration Pandolfi Puccei wider den Hertzog von Florentz mit verwickeln lassen. Wie er nun aus einem der vornehmsten und reichsten Häuser dieses Staats herstammete/ kunte ihn der Hertzog leicht vor einen Mitschuldigen desjenigen Verbrechens erklären/ davon er den grösten Vortheil zu genießen. Weil nun die Räthe nicht vor rathsam hielten/ ihn dißfals auf andere Gedancken zu bringen/ grieffen sie unter dem Vorwand/ daß durch seine Flucht oder Tod ihres Fürsten Leben gerettet/ nach den verfallenen Gütern/

dern/ als einer schuldigen Vergeltung ihres Eifers und Treue. Dieses war die Ursach/ warum Corbinetti seine Zuflucht zur Königin in
Franckreich nahme; und wuste also Franckreich und Henricus sich
eines Vortheils/ welchen ihnen Italien und der Hertzog von Florent
willig eingeräumet/ sehr wohl zu bedienen.

Wie nun Polen der Freude und Ruhe/ so ihnen die Gegenwart
eines Königs/ nach welchem sie so lange geseufftzet/ schencfete/ genosse; brachte ein Courier die traurige Zeitung des Absterbens Caroli
IX. Königs in Franckreich. Die Succession gehörte niemand anders als Henrico seinem Bruder; ob schon der Hertzog von Alen-
çon in dessen Abwesenheit sich solcher versichert. Demnach gedachte
er Polen zu verlassen/ entdecke aber sein Vorhaben niemand als den
Frantzosen. Anno 1574. den 18. Junii des Nachts nahme er seine
Abreise/ welche die Republic so sehr schmertzete/ als vorzeiten Rom der
Tode des Käysers Titi.

Der König hinterliesse Briefe an den Senat und einige Privat-
Personen. Die Polen setzten ihm nach/ und traffen ihn einige auf
den Schlesischen Gräntzen an/ beständig in der Entschliessung seine
Reise fortzusetzen Man schriebe an den Käyser Maximilianum,
welcher ihn mit aller einem König von Franckreich gebührenden Ehre empfienge. Ob auch schon einige von seinen Ministern ihm ra-
then wolten/ Henricum als einen Feind des Oesterreischen Hauses
so lange zu arrestiren/ biß er sich der Polnischen Crone verziehen/ wolte doch der Käyser solches nicht annehmen/ sondern hielte vor rathsa-
mer/ seinem Feinde eine güldene Brücke zu bauen/ und vergönnete
ihm die Passage durch seine Länder. Heinrich reisete auf Venedig/
und von dannen nach Franckreich/ und ist nie wieder in Polen kommen. Doch unterliesse die Republic nicht sich dieses Printzen Unglücks anzunehmen/ und beklagte billig denjenigen König/ welchen es so sehr geliebet.

Man

Man bezeugete auch solches öffentlich/ indem der den 10. Sept. im Felde bey Warschau zusammen geruffene Adel an ihn den 18. dieses Monats schriebe/ und ihm biß in den May des folgenden Jahres 1575. Auffschub gabe. Woferne er aber binnen solcher Zeit sich nicht im Königreich einfinde/ würde man zu einer neuen Wahl schreiten. Allein der König blieb aussen/ und der Adel hatte sich versammlet/ wie wohl mehr in der Hoffnung/ den König wegen seiner Wiederkunfft zu complimentiren/ als wegen Aussenbleibens/ des Trohnes zu entsetzen. Es wurde ein ander Reichs-Tag auf den 7. Novembr. ausgeschrieben / auf welchen man würcklich einen andern Fürsten erwehlen wolte / so Henrich seine Rückkunfft weiter aussetzete.

Der König hatte Jacobum Faye, Herrn von Espesse in Polen hinterlassen/ um ihm dasjenige/ so in seiner Abwesenheit vorgienge/ zu berichten. Dieser thate ihrer Majestät zu wissen/ daß der Käyser durch Durithium aussprengete/ wie könte der König wegen der innerlichen Unruhe in Franckreich unmüglich wiederkommen. Darauff schickte Henricus Pibrac im April. 1575. aus Franckreich fort/ welcher auch ohne Zweiffel auff den im May angesetzten Reichs-Tag kommen/ wo er nicht unterweges von Räubern/ die ihm alles/ ohne das Leben/ nahmen/ wäre aufgehalten worden. Ohngeacht dieses Unglücks setzte er seine Reise fort/ und kam eben noch zu rechter Zeit/ um den Käyser sich von seines Printzen Hinterlassenschafft zu bereichern/ zu verhindern. Diesen Streit der beyden Fürsten machte sich ein anderer zu Nutze/ und hinterließ ihnen einen schwachen Trost solches ihres niedrigen Schicksaals.

Erweh-

Erwehlung Stephani Battori, Fürsten von Siebenbürgen.

Als nun die Republic euserst bemühet war/ sich wiederum ein Haupt zu erkiesen/ man auch noch einige Hoffnung zu Henrici Wiederkunfft truge/ als hatte wegen der kurtzen Zeit niemand die geringsten Gedancken/ einige Faction bey diesem Wahl-Tage anzuspinnen. Ob gleich einige unruhige Gemüther Sachen zu verwirren trachteten; so drungen doch die übrige Senatores darauf/ daß die Wahl binnen sechs Tagen vor sich gienge/ um dadurch nicht allein denen entstehenden Diffidentien vorzukommen/ als auch andere Verdrüßligkeiten/ so man bey voriger Wahl erfahren/ zu verhindern. Diese Meynung wurde von der gantzen Versammlung gebilliget. Man ertheilte alsobald denen Abgesandten des Käysers/ Königs von Schweden/ Fürstens von Siebenbürgen/ und anderer Potenzien/ Audientz/ deren jeder um die Crone vor seine Principalen anhielte.

Der König in Schweden hatte jetzo eben das Glück/ so er bey voriger Wahl erfahren. Denn man hielte ihn noch allemahl in dem Verdacht/ als wäre er seines Vaters Religion zugethan; und dieser Printz wolte eine Frucht einernden/ so noch nicht reiff genug vor seine Familie geachtet wurde.

Der Senat deliberirte inzwischen/ welcher Competent der Republic am vorträglichsten wäre. Die meisten gaben den Rath/ man solte den Römischen Käyser/ Maximilianum, erwehlen/ doch mit dem Bedinge/ daß sein Sohn Ernestus sich mit Anna Jagelon. Sigismundi Augusti Schwester/ vermählte. Denn man wolte dadurch nicht allein die Republic von der nöthigen Dépense, so dieser Printzeßin Hofhaltung erfordert/ entledigen/ sondern auch der Nation Ehre durch die Verbindung mit diesem mächtigen Herrn befördern. Die übrige Senatores, deren zwar wenig achteten vor unnöthig etwas ausser dem Reiche zu suchen/ so man doch

D   inner-

innerhalb finden könne/ und daß ein Pole der Crone auch nicht un-
würdig zu schätzen.

Der Adel sonderte sich vom Senat ab/ und war bereit einen
König anzunehmen/ wer er auch seyn möge/ nur allein die Teutschen
und Oesterreicher ausgenommen. Er begehrte/ daß sich die Senatores, so der Käyserlichen Parthey entgegen/ zu ihnen erfügen
mögten/ welcher Entschluß den Senat in große Verwirrung setzte.
Denn ob er schon währendem Interregno öffentlich die Ober-
Herrschafft führet; so muste er doch bedencken/ das alle Macht des
Staats auf dem Adel vom andern Range beruhete. Derohalben
es vor besser zu halten/ die Unruhigen zu besänfftigen/ als noch weiter zu erbittern.

Man sendete sechs Senatores an ihn ab/ mit Befehl/ allen
möglichsten Fleiß anzuwenden/ um ihn seiner Schuldigkeit zu erin-
nern. Andreas Teczinski, Wáywode von Beltz, führte das
Wort/ und stellete ihm auf höflichste vor/ daß weil der Staat aus
beyden/ nehmlich dem Senat und Adel bestünde/ so wäre es billig/ daß
sie ihre Intentiones auch zum besten der Republic mit einander
vereinigten/ ihre Meynungen könten zwar wohl differiren/ wenn
nur die Gemüther zusammen stimmeten. Welches/ ob es schon
allezeit/ doch sonderlich anietzo nöthig wäre/ da die Republic der
gesamten Macht wider ihre betrauenden Frinde bedürffe.

Der Adel gab zur Antwort/ daß man sich weder vor der Tar-
tern noch Moscowiter Einfall etwas zu befahren; sondern das Oesterreichische Haus für den gefährlichsten Feind zu schätzen.
Er würde nimmermehr zugeben/ daß ein Printz von dieser Familie
den Polnischen Scepter führte; man möchte nur das Exempel des
Königreichs Ungarn und Böhmen betrachten/ so nach dem Verlust
ihrer alten Freyheit anietzo unter dem Joch des Oesterreichischen
Hauses seuffzeten. Damit aber dergleichen ihnen nicht auch wie-
derführe/ wuste er schon was zu thun/ zudem er mächtig genug/ solches zu verhüten. Der Senat hätte nur einen einheimischen

Prin-

Polnten erkiesen/ so wolte er alsbald seine Stimmen und Einwilligung drein geben.

Er schluge auch zugleich zwey Piasten vor / Andream Tecsinski, Wäywoden von Pelß/ so die Rede des Senats an ihn gehalten/ und Johannem Kostka, Wäywoden von Sandomir. Der Senat nahm diesen Vorschlag vor eine Verkleinerung seiner Autorität/ und die meisten Herren der Versammlung vor eine öffentliche Injurie an. Einige sprungen auf/ und versicherten/ daß wo diese zwey Senatores sich der Crone würdig achteten/ wolten sie sich alsbald vor ihre Competitores erklären/ indem sie wegen ihrer Geburt/ und der Republic treugeleisteten Dienste/ viel rechtmäßigere Pretensiones machen könten. Allein diese zwey Herren vertragen solchane Beschimpffungen mit recht königlicher Gedult und Gelassenheit.

Der Adel vom ersten Range hielte eben so steiff ob seiner Meynung/ als der vom andern zu thun geschienen. Der Primas (der fast keine einige löbliche That verrichtet) urtheilte/ daß des Senats Ansehen erfodere dem Adel vorzukommen/ foderte derowegen die Stimmen ein/ und wie die meisten auf Maximilianum fielen/ ernennete er solchen zum König in Polen/ und verschob die Proclamirung auf den folgenden Tag/ welche er auch würcklich durch den Groß-Marschalln verrichten ließe. Etliche Senatores, so mit des Primatis, der die Oesterreichische Parti allzu fest hielte/ Verfahren nicht zufrieden/ giengen aus der Versammlung/ und protestirten wider alles so vorgangen/ sagende/ es wäre besser ohne Entschluß davon gehen/ als die Gesetze violiren.

Allein der Adel gab seinen Mißfallen besser zu empfinden/ iegliche Wäywodschafft versammlete sich/ und den 15. Decembr. 1575. wurde die Printzeßin Anna Jagellon zur Königin erkläret und Stephanus Bottori, Fürst von Siebenbürgen/ zum Könige und ihrem Gemahl/ welcher auch die Crone behalten solte im Fall die Printzeßin stirbe/ oder keine Lust zu dieser Heyrath trüge. Wor-

auf des Fürsten Abgesandten die Artickel im Nahmen ihres Principalen unterschrieben.

Diese Erwehlung möchte wohl vor unbedachtsam und wieder
die Gesetze lauffend angesehen werden/ weil eine Weibes-Person
wegen ihres schwachen und ehrgeitzigen Geschlechts zum Regiment
undüchtig. Allein wo hier einiger Fehler begangen/ ist er auch
alsobald verbessert; indem man der Königin einen der klügsten und
tapffersten Printzen zum Bräutigam gegeben. Uber dieses bezeu-
gen auch die Geschichte/ daß Polen bey Abgang der königl. Familie/
das Scepter gleichfals denen Printzessinnen anvertrauet. Hedvvig,
so dem Groß-Hertzog von Lithauen vermählet/ giebt dessen ein nutz-
bares Beyspiel/ so wohl vor die Kirche/ als Königreich. Sintemal
das Hertzogthum hiedurch zum Christl. Glauben gebracht/ und mit
Polen verknüpffet worden. Noch ein älter Exempel giebt uns zu
erkennen/ daß die Weiber nicht gäntzig vom Regiment auszuschliessen. Denn nach dem Tode Croci und seiner beyden Söhne/ die
Tochter Venda von denen Ständen vor Königin erkennet worden/
so auch glücklich regieret/ ob man sie schon Ritigern/ einer der mächtigsten Printzen Teutschlandes zu heyrathen/ nicht bewegen können.
Im Gegentheil wird ihre Beständigkeit höchstens von den Polen ge-
rühmet; indem sie lieber den Krieg führen und das Leben einbüßen/
als ihre Macht mit einem andern theilen wollen. Obbemeldte
und dergleichen Begebenheiten wurden denen Widergesinnten
vorgehalten/ wodurch sich einige leicht gewinnen liessen ; da man
inzwischen sich fertig machte/ diejenigen mit Gewalt zu zwingen/
welche in gutem nicht gehorchen wolten.

In der That ware der Adel noch nicht zufrieden/ sothane Proclamation wider des Senats Willen gethan zu haben; sondern ent-
schlosse sich instehenden Monat Januar. bey Andreiovien in der
Cracauischen Wäywodschafft bewaffnet einzufinden. Diesen Ren-
devous stelte man vor den allerbequemsten/ so wohl weil er der
Haupt-Stadt des Reichs am nechsten/ (denn diese Parti diese
Stadt wohl vor die stärckste gehalten) als auch weil man
                                                              daselbst

daselbst Battori/ so durch Hungarn kame/ den Eingang leichter machen/ solchen Maximiliano hingegen/ der durch Schlesien gienge/ mit geringer Macht verwehren könne. Sie verrichteten das/ so sie vorgenommen/ und es kame eine solche Menge zusammen/ daß es ehe schiene/ als wolten die Polen ein neues Königreich einnehmen/ als das ihrige einem fremden Printzen übergeben.

Die Senatores/ so ihrer Collegen Meynung entgegen gewesen/ befanden sich gleichfalls bey diesem Rendesvous, verworffen die unbesonnene Erwehlung Maximiliani, daß auch einige/ so solche zuvor approbiret/ noch zu ihnen traten.

Battori erlangte zwar die Crone durch seine Verdienste/ doch half die Zborowskische Familie durch ihr Ansehen und Intriguen nicht wenig zu seiner Erhöhung. Ein Edelmann aus diesem Hause muste wegen zugestossenen Unglücks sich in Siebenbürgen retiriren. Er nennete sich Samuel, und hatte unter der Regierung Henrici mit Johann Teczynski, Castellan von Voyn und Ober-Cämmer-Junckern einige Zwistigkeiten. Wie er ihn nun einsmahlen vor dem Cracauischen Schloß-Thore antraffe/ zog er seinen Säbel/ in willens ihm eins zu versetzen. Andreas Wapowski, Castellan von Premislien lieff darzwischen/ um den Streich aufzunehmen/ wurde aber gefährlich verwundet. Wie nun nach denen Rechten ein Capital-Verbrechen ist/ den Degen an einem Ort/ wo sich der König befindet/ ziehen; als wurde Zborowski citiret/ und weil er nicht erschiene/ nach denen Reichs-Gesetzen zum Elend verdammet. Battori empfieng ihn in Siebenbürgen mit solcher ungemeinen Höflichkeit/ daß die Bitterkeit seines Exilii dadurch leicht versüsset wurde. Zborowski, um die Erkentligkeit vor solche Wohlthat sehen zu lassen/ schrieb bey instehender Wahl an seine Brüder und Freunde/ welche sich dergestalt vor Battori bemüheten/ daß sie noch mehr bey dieser Erwehlung/ als der vorige verrichtet.

Wenn eigennützige Leute iemand einen Dienst erweisen/ ist nichts mächtig genug solche zu vergelten. Dannenhero Battori machten en Königreiche keine gefährlichere Feinde/ als eben diese Familie gehabt. Er thäte ihnen viel gutes/ wolte sich aber nach ihrer Caprice nicht guberniren lassen. Demnach conspirirten sie wider ihn/ welches Samuel Zborovvski das Leben kostete/ ob schon der Todt des Castellans von Premjslien zum Vorwand seines Processes dienen muste.

Anno 1576. im Anfange des Aprils gelangete der König zu Cracau an/ welches ihm seine Thoren willig öffnete. Er rieff die Stände zusammen/ ließe sich crönen/ und durch Stanislaum Karnkouski, Bischoffen von Vladislau die Ceremonie verrichten/ weiln Jacobus Vchaski, Ertz-Bischoff von Gnesen die Käyserliche Parti hielte/ an welche er sich dergestalt verknüpffet/ daß er durch die Vernunfft nicht konte abgebracht werden/ und sich der König genöthiget sahe/ ihn mit Gewalt zu seiner Schuldigkeit zu zwingen. Er hatte sich nach Lovvitz verfüget/ in der Hoffnung/ daß Maximiliani Affairen nach die Ober-Hand gewinnen könten. Wie er aber merckte/ daß man Gewalt brauchen wolte/ submittirte er sich/ und bewieß hierinn mehr Klugheit/ als man vorhero von ihm gesehen.

Wie nun dieser Prelat eines mäßigen Verstandes/ dabey aber sehr unruhig und turbulent war/ hatte er sich durch den Hochmuth gantz verderben lassen: Die Dissidenten/ so seine Blöße wohl genommen/ wusten ihn sehr artig zu bemeistern/ so bey einem etwas geschickterin Manne schwerlich angangen. Seine Feinde/ so verschlagener als er/ schmeichleten seiner Passion/ billigten alles sein Vornehmen/ und da sie inzwischen die andern Collegen mit einer kaltsinnigen Verachtung ansahen/ überhäufften sie ihn mit Ehrerbietung. Firley unter andern nahm sein Gemüth mit solcher Geschicklichkeit ein/ daß unter dem Scheine/ als folgete er seiner Meynung/ er ihm die seinigen unvermerckt beybrachte. Dannenhero dieser vornehmste Bischoff Polens am Reichs-Tage 1573. das oberste Haupt der Dissidenten ware/ hätte auch ohne Zweiffel noch grösseres Unheil angerichtet/ wo ihm nicht der Päbstliche Nuntius bessere Meynungen vor

vor die Catholicken eingegeben. Die Furcht/ welche er hatte in seiner Retraite belagert zu werden/ machte/ daß er die übrige Zeit seines Lebens derjenigen Ruhe genosse/ so er sich selbsten nicht verschaffen können.

Nachdem der Primas zur Raison gebracht/ ware es dem Könige leicht die übrige Parti des Käysers zu zerstreuen/ welcher den 12. Octobr. 1576. zu Regensburg zur Wohlfahrt der Republic dieses Zeitliche segnete. Battori bestätigte dem Königreiche die Ruhe/ deren es langer Zeit beraubet gewesen. Doch düncket ihm dieses wenig zu seyn/ denn er es zu seinen alten Glantz wieder erhoben wolte. Er vertheilte die Chargen und Ehren-Aempter nach Verdienste/ ohne Absicht auff die Factiones zu haben. Die Zborovvskische Parti, so ihr alles schuldig zu seyn vermeynte/ trachtete mit allem Fleiß einem von ihren Creaturen die Cantzlers-Stelle zu erhalten; allein Battori gab solche Johann Zamoski, dessen Absichten eintzig und allein auff des gemeinen Wesens Wohlfahrt gerichtet. Er war auch in der That ein sehr kluger Mann/ hatte wohl studiret/ und gab nachgehends zu erkennen/ daß er so wohl einen tapffern Soldaten/ als verständigen Rath abzugeben geschickt sey. Dessen er auch dermaßen herrliche Zeugnisse abgeleget/ daß ihm der König das Commando über die Armee nicht versagen kunte. Der Ertz-Bischoff starb zu Anfange seiner Regierung/ und seine Stelle wurde durch Stanislaum Karnkouski, so den König gecrönet/ wiederum besetzet. Derselben Billigkeit brauchte der König in Austheilung aller andern Ehren-Aempter. Doch beruhete viel von dieser Sache auff Zamoski Recommendation; dahero seine Freunde vor allen andern Beförderung zu gewarten. Weil er sich nun vorgesetzet/ diesen Herrn zum Mächtigsten im gantzen Königreiche zu machen/ so vermählte er ihm seines Bruders Tochter Griseliden, und entledigte sich durch diese Politic von dem allgemeinen Hasse der Unterthanen; indem sich niemand mehr über den Fürsten beklaget/ wenn der Neid seinen Favoritten zum Feinde erkläret.

Wie nun alles innerhalb des Reichs in gute Ordnung gesetzt; kündigte er 1579. den Moscoviten den Krieg an. Man eroberte fast alles wieder/ was sie von Sigismundi Zeiten an hinweg genommen/ der König drunge biß in Moscau hinein/ und conquerirte 1590. darinn unterschiedene Plätze. Die Moscoviter fiengen schon an sich wegen ihrer Haupt-Stadt zu fürchten/ und schickten Gesandten an den König/ so er aber nicht anhören wolten. Wie man sich nun zum dritten Feldzuge ausrüstete/ entschlossen diese Barbaren eine große Gesandschafft nach Rom zu senden/ welche unter dem Schein/ sich mit der Römischen Kirche zu vereinigen/ von wegen des Friedens mit Polen negociiren muste. Ihre Heiligkeit/ so eine solche wichtige Sache nicht verabsäumen wolte/ sendete den Pater Antonius Possevinus einen Jesuiten nach Polen/ welcher so viel ausrichtete/ daß die Moscoviter den Frieden vom König erhielten/ doch waren sie der dem Pabst gethanen Zusage nicht lange eingedenk.

Also hatte Battori nicht allein innerlich sein Reich in Ruhe/ sondern auch die auswärtigen Feinde in Schrecken gesetzet. Moscau war in den vorhergehenden Campagnen dergestalt mitgenommen/ daß es auf keinen neuen Krieg Gedancken machte/ sondern der ihm geschenckten Ruhe williglich genosse. So unterstunden sich auch die Tartarn nicht/ während seiner Regierung dem Reiche einigen Schaden zuzufügen. Ihr Cham schickte an den König/ seinem Gesandten das von Polen gewöhnliche Geschencke zu geben. Allein der König schlug ihnen die zwey tausend Schaaf-Felle / so sie begehrten/ ab / und ertheilte denen Gesandten ihren Abschied/ sagende/ daß er niemand einigen Tribut zu geben gesinnet. Der Türcke selbst erwiese Ehrerbietung vor diesen Fürsten/ und verübete/ so lange er Siebenauirgen beherrschte/ nicht die geringste Feindseligkeit in diesem Fürstenthum. Als aber seines Bruders Sohn/ Sigismundus Battori nach Absterben des Vaters Sigismundi zum Fürsten in Siebenbürgen erwehlet worden/ wolte die Pforte den Tribut, so sie aus diesem Fürstenthum zöge/ verdoppeln. Allein

Stepha-

Stephanus schickte eine Gesandschafft an den Groß-Sultan/ nebst Vermeldung/ daß er nicht zugeben könne/ daß seines Brudern Sohn einen schwerern Tribut als er gethan/ zahlen solte. Wie nun die Pforte sahe/ daß sich Battori mit in diese Sache mischte / wolte sie lieber mit wenigem vergnügt seyn/ als in Gefahr stehen/ alles zu verlieren.

In solchem Zustande befunden sich die Polnische Sachen/ als der Todt des Königes die Gestalt ziemlich veränderte. Er hielte mehrentheils seine Hofstadt zu Grodno in Lithauen/ unter dem Schein/ daß dieses Land zur Jagt sehr bequem/ aber in der That/ um sich der Gegenwart seiner Gemahlin zu entreissen. Diese war Anna Jagellon, so ihm zur Crone geholffen; sie hatte schon das siebenzigste Jahr zurück geleget/ als er sie heyrathete. Die Polen hatten sie zwey Jahr vorher an Henricum Valesium, der nur 23. Jahr alt/ vermählen wollen; so wurde sie auch Ernesto von Oesterreich/ welcher noch jünger war/ angetragen. Wenn nun Battori das abgelebte Alter seiner Gemahlin/ welche von einem solchen Temperament war/ daß er nicht hoffen durffte/ daß sie ihn überleben/ und einen andern heyrathen würde/ betrachtete/ kunte ihm solches nichts als Gram und Kummer erwecken. Anno 1586. wurde er von der schweren Noth überfallen/ deren Ursache oder vielmehr Vertreibung seinem Medico unbekänt/ daran er auch den 13. Decem. zu Grodno sterben muste.

Er wurde insgemein von allen seinen Unterthanen betauret/ welche dergleichen Zeugnisse ihrer Betrübniß sehen liessen/ so sonsten in Polen bey Absterben der Könige sehr ungemein/ und müssen solche von ihnen durch die vortrefflichste Thaten verdienet werden. Sein Leich-Begängniß wurde auff gemeine Kosten ausgerichtet. Allein die Traurigkeit/ so gleichsam in das Gesicht der Polen gemahlet/ und die Trähnen womit sie solche bezeugten/ sind weit kostbarere Ehren-Seulen seiner Gedächtniß.

Erwehlung Sigismundi de Vasa, Johannis III. Königs in Schweden Sohns.

Der tödtliche Hintritt Stephani Battroti setzte Polen in eben dergleichen Verwirrung/ worinn sie sich schon zweymahl nach dem Todt Sigismundi Augusti befunden. Der Zwiespalt unter den Großen des Reichs/ und die Freyheit des Interregni verursachten neues Unheil/ man seuffzete/ den Staat in solchen verdrießlichen Umständen zu sehen; iederman erkannte die Kranckheit/ aber niemand war mächtig zu helffen. Der verstorbene König/ ohne es vorher gesehen zu haben/ leistete dem Staat nach seinem Tode noch einen Dienst. Dieser Fürst sich außer dem Stande und Hoffnung Kinder zu zeugen sehende/ gedachte sich einen Nachfolger aus seiner Familie zu geben; er hatte Briefe rings herum in alle Wäywodschafften gesendet/ um absonderliche Reichs-Tage zu versammlen/ in deren letztern er seine Meynung vortragen wollen/ so aber durch den dazwischen kommenden Todt verhindert worden. Die Stände unterließen nicht sich beym Eintritt des 1587. Jahres zu versamlen/ und beschloßen nicht allein die Gräntzen vor dem Einfall der Feinde auffs beste zu bewahren/ sondern auch allgemeiner Sicherheit halben gewisse Richter zu bestellen/ die über Todt und Leben derjenigen/ so die Ruhe des Reichs störeten/ zu disponiren Gewalt haben solten.

Stanislaus Karnkouski, Ertz-Bischoff von Gnesen und Primas Regni thate den Ständen nach Gewohnheit den Todt des Königs schrifftlich zu wissen/ und foderte sie zugleich zum allgemeinen Reichs-Tag auff den Anfang des Martii 1587. nach Warschau/ um sich wegen der Regierung währendes Interregni zu berathschlagen. Man beschloße auch den Wahl-Tag den letzten Junii anzufangen.

Die

Die Diſſidenten conteſtirten mit ſolcher Hartnäckigkeit we=
gen der Ordnung/ ſo während dem Interregno beobachtet werden
müſte/ daß man/ um Friede zu erhalten/ genöthiget wurde/ in ihr
Begehren zu willigen/ ob es ſchon noch ſo unrechtmäßig ſchiene.
Die alten Geſetze verboten denenjenigen/ ſo einer andern als der Ca=
tholiſchen Religion zugethan im Königreiche zu verbleiben/ und in
ſolchem Fall waren ihre Güter dem Fiſco verfallen/ ſie aber vor un=
ehrlich erkläret. Nachdem ſich aber die Unordnung mit der Ketze=
rey ins Königreich eingeſchlichen/ funden die gottloſeſten Leute dabey
eine Freyſtadt/ und begehrten durch Drohungen dasjenige/ was ſie
ſonſten durch Bitten nicht erhalten hätten. Ihre Parthey hatte
ſich auch dergeſtalt geſtärcket/ daß man bey den Præliminarien die=
ſes Reichs-Tages gezwungen wurde/ ihnen die Gewiſſens-Frey=
heit/ ſo bißhero nur erdultet worden/ zu verſtatten.

Die Biſchöffe widerſetzten ſich zwar ihrem Begehren/ und be=
gab ſich der Biſchoff von Uladislau hinweg/ damit ſie nicht in eine
Sache/ ſo ſie vor unbillig ſchätzten/ willigen mögten. Der Ertz-
Biſchoff von Leopold, Demetrius Sulikouski, ſo vor kurtzer Zeit
von Rom/ allwo er die Stelle eines Abgeſandten bey dem Pabſt
Sixto V. vertreten/ kommen/ war wegen Abweſenheit ſeiner Con-
fratrum das Haupt von dieſer Verſammlung/ bey welcher ſich auch
Laurentius Goſlicki, Biſchoff von Caminiek befunde. Dieſe
zwey Prelaten ſahen die Verwirrung wohl/ worein ſie die Abweſenheit des Primaten ſetzete. Denn es war kein ander Mittel zu fin-
den/ man muſte entweder denen Diſſidenten ihr Begehren verwil-
ligen/ oder die Verſammlung auffheben. Solte nun dieſes letztere
geſchehen/ ſo würde ſich iederman deßhalben beſchweren; wo aber
das erſte/ ſo müſte die Cleriſey darüber leiden. Der Biſchoff von
Caminieck vermeynte ein Mittel gefunden zu haben/ ſo doch bey
wichtigen Affairen ſelten einen guten Ausgang gewonnen. Denn
er gewährte ſie ihres Begehrens/ und glaubte ſeiner Schuldigkeit
ſchon genug gethan zu haben/ wenn er eine Proteſtation mit anhän-
gete/ durch welche er verſicherte/ daß ſolches einzig und allein/ um den

E 2 Frie-

Frieden des Königreichs zu erhalten/ geschehen wäre. Die Dissidenten fragten aber wenig darnach/ ob schon diese Worte mit in die Acte eingezeichnet. Denn wie der Catholicken Schwachheit ihre Kühnheit vergrösserte/wusten sie sich derselben mit höchstem Vortheil zu bedienen. Christophorus Zborovvski wurde aus dem Elend/ wozu er unter der Regierung König Stephani verdammet/ wieder zurück geruffen; Zamoski verbote man einige Trouppen zu halten; und konten also die Dissidenten wegen Abwesenheit dieses Herren/ alles was sie wünscheten/ erlangen.

Dem Bischoff von Caminick wurde von denen andern seine Zaghafftigkeit verarget/ und wie er nachgehends sein Bißthum mit einem bessern vertauschen wolte/wurde er bey ihrer Heiligkeit wegen dieser That sehr schlecht recommendiret.

Nachdem nun dieser Streit geschlichtet/ gab der Ertz-Bischoff von Leopold Bericht von seiner Gesandschafft. Er fieng seine Rede durch das Lob des verstorbenen Königs an/ und bezeugte die Hochachtung/ so der Pabst vor dessen Tugend getragen. Allein die Dissidenten kunten unmügl. etwas gutes von demjenigen Fürsten reden hören/ welchem sie auch nach seinem Tode alles Ungemach anwünscheten. Wenn sie seiner gedachten/so bestunde solches in lauter Klagen/ und Verfluchung seines Favoriten. Doch wusten sie auch wol/ daß derjenige Zorn vor lächerlich zu halten/so mit Schwachheit und Furcht vergesellschafftet.

Wie nun der Wahl-Tag herbey ruckte/ fande sich der Zborovvskische Anhang am ersten ein/ und ist Christophorus nicht als ein Vertriebener erschienen. Denn er einen Gefolg von fünffhundert Frantzosen und einigen Teutschen bey sich führete/ wozu sich auch die übrigen Dissidenten schlugen/ daß also ihre Trouppen fast 10000. Mann ausmachten.

Stanislaus von Gorka, Wäywode von Posen war ihr Führer/ ein verständiger und leutseliger Herr / so durch die grosse Unkosten so er auff seine Soldaten wendete/ viel Volck an sich ziehen hatte einen ziemlichen Hochen auff den Füssen. Doch

machte

machte sein großes Vermögen und Freygebigkeit/ daß man ihn dem vollkommensten Menschen vorzohe. Er ließe seinen gantzen Reichthum auffwenden/ weil er der letzte von der Familie war/ und solchen anders an lachende Erben hätte überlassen müssen.

Zamoski stellete sich bey Anfang des Reichs-Tags gleicher gestalt ein/ seine Trouppen waren nicht so starck als die Feindliche/ aber des Krieges besser gewohnet. Denn es ware der Ausschuß der Polnischen Armee, zu welchen auch die Hungarn/ so unter Bottori gedienet/ gestoßen. Doch konten gleichfals des Obristen Verdienste die Anzahl der Soldaten leichtlich ersetzen. Er lagerte sich zwey Meilen von Warschau/ verschantzte sich wohl/ und zog Circumvallations-Unkirium sein Lager/ welches nicht ferne von dem Orte/ wo die Wahl vor sich gehen solte/ auffgeschlagen war.

Die wenigen Senatores, so allein den gemeinen Nutzen suchten/ und sich in keinen von beyden Theilen mit eingeflochten/ bemühten sich den Zwist auffzuheben; aber umsonst. Denn iede Parthey bey dem einmahl gefaßten Schluß verbleiben wolte. Man versprach ihnen zwar/ einer nach der andern Audientz zu ertheilen/ doch mit dem ausdrücklichen Befehl/ daß sie ohne Waffen vor der Versammlung erscheinen solten. Der Senat wolte dasjenige/ so bey den Præliminarien in Faveur der Dissidenten beschlossen/ wieder auffheben/ allein diese erklärten sich solches nimmermehr zu erhalten. Denn sie sich wegen ihrer Menge allbereit den Vortheil versprachen/ welcher Eitelkeit aber Zamoski spottete. Indem er nicht glauben kunte/ daß das Glück die Gerechtigkeit seiner Sache verlassen würde.

Die Dissidenten sehende/ daß nicht viel gutes vor sie zu hoffen/ stellten sich bewaffnet vor dem Senat. ohne Respect gegen sein Verbot zu halten/ gaben auch einmahl Feuer / dadurch ein Priester getödtet wurde. Nach dieser Verrichtung retirirten sie sich wiederumb/ den Verlust ihrer Freyheit beklagende/ welche Klage durch den ROKOS begleitet wurde. Dieses ist eine Losung der Polen/ auff welche der gantze Adel zu erscheinen gehalten ist/ wie sehr er auch einem

einem Fürsten verpflichtet seyn möge. Wie nun iederman bereit war
sich mit denen Auffrührern zu conjungiren/ ließe der Primas Regni einen contra-Befehl publiciren/ welchem auch iederman fol-
gte/ und sich nach Hause begabe. Die Lithauer hielten sich inzwischen
von beyden abgesondert/ daß man ihr Absehen nicht begreiffen konte/
und ich glaube daß sie es bey solchauer Verwirrung selbsten nicht ge-
wust.

Solchergestalt befunden sich dreyerley Partheyen im König
reiche/ so einander an Macht fast gleich kamen. Die Lithauische
wolte/ man solte Theodorum Odonovvic, Czaaren von Moscau
erwehlen/ welcher seinen Staat mit der Crone/ wie vorzeiten Lithau-
en zu vereinigen versprache. Wenn ein ander Fürste dergleichen
Vorschläge gethan/ hätte man solche vor sehr vortheilhafftig geschätzet. Die Hoffnung so ihm unterschiedliche Edelleute machten/ hatte
kein anders Absehen/ als ihn auffzuhalten/ damit er währendem Interregno das Reich nicht überfiele. Denn weil sie nicht mächtig genug waren/ sich ihm zu widersetzen/ thaten sie klüglich / daß sie seine
Waffen durch Zusagen hemmeten.

Die Zborovvskische Parthey/ deren Haupt der Graf von
Gorka war/ wolten das Interesse Maximiliani, Ertz-Hertzogs von
Oesterreich/ Käysers Rudolphi Bruder/ behaupten. Annibal
von Capua, Päbstlicher Nuntius, hatte sich auch zu ihr geschlagen/
ob sie schon aus lauter Protestanten bestunde. Dieser Prelat
schändete sein Ehren-Amt/ nur damit er Maximiliano dienen mö-
gte/ theilte auch seinen Adhærenten Gelder aus/ so doch mehr aus
Versprechungen/als Silber gemüntzet war.

Die dritte Parthey bestunde aus dem Senat, so wohl vor die
stärckste zu schätzen/ weln Zamoski derselben gäntzlich zugethan.
Man stunde noch in Zweiffel/ auff welchen Competenten man die
Augen werffen solte/ es wurde zwar vom Czaar, und einen Piasten ge-
redet/ aber nur gewandsweise. Die Fürsten von Siebenbürgen
hatten zwar auch Abgesandten in Polen gesendet / aber nur mit
Befehl / um des verstorbenen Königs Mobilien auzusuchen.

Wann

Wann sie um die Crone geworben/ hätten sie solche vielleicht/ in Ansehung der Verdienste Stephani erhalten.   Doch wolte die Republic
ein solch kostbar Geschenck ohne Bitte nicht vergeben.

Schweden kam nun zum dritten mahl mit in die Ordnung/ König Johannes hatte die zwey ersten mahl eine abschlägige Antwort
bekommen/ weil man ihn vor einen Lutheraner hielte.   Anno 1575.
wurde man dieser Meynung durch eine Catholische Kirchen-Ord-
nung/ so er in seinem Königreiche/ auff Bitte des Königs in Franckreich publiciren ließe/ benommen.   Denn als sich die Lutheraner
derselben wiedersetzen wolten/ ließe sie der König ins Gefängniß werffen. Die Königin Catherine/ seine Gemahlin/ unterhielte diese Geistlichen in ihrem Gefängniß/ und erlangte vom Könige die Freyheit vor
etliche/ welche sie mit diesen Worten abfertigte: Gehet und saget eu- „
ren Freunden/ welcher gestalt die Feindin eurer Religion mit euch ver- „
fahren. Es ist wohl wahr/ des Königs Gottesfurcht war eben nicht
allzu auffrichtig/ weil solche mehrentheils aus der Politic bestunde.
Dieses sahe man einsmahln als der Præceptor des jungen Printzens
ihn unterrichtete.   Denn als der König merckte/ daß er demselben ketzerische Meynungen beybrachte/ zohe er seinen Degen/ und
bedrohet ihn mit diesen Worten: Ich lasse meinen Sohn in der Hoff- „
nung aufferziehen/ daß er dermahleins zwey Cronen zu tragen ge- „
schickt seye. Anno 1587. hatte er die Freude/ die Polnische auff seinem Haupt zu sehen; aber den Verlust der Schwedischen hat er nicht
bedauren können/ weil ihn der Himmel dieses Unglück nicht wollen erleben lassen.

.   Man hatte Sigismundum nun nicht mehr in Verdacht wegen der Ketzerey/ indem die Catholische Kirchen-Ordnung und Ver-
folgung der Lutheraner die Polen auf andere Gedancken gebracht. So
vergönnete auch der Königin Frömigkeit nicht zu glauben/ daß sie ihren Printzen in einer der Kirchen wiederwärtigen Religion aufferzie-
hen würde.   Uber dieses begleiteten auch die Politische Reflexiones
diese Gedancken.   Denn man gerne einen solchen Fürsten zum
Throne erhöhen wolte/ dessen Macht dem Hause Oesterreich die

Wage halten könne. Die Königin in Schweden und deren Frau
Schwester die verwittwete Königin in Polen/ so aus dem Jagellonischen Hause herstammeten/ und beyde um diesen Printzen anhielten/
machten/ daß sich der Senat vor ihn erklärete. Der König Johannes ließe auch durch seine Emissarios publiciren/ daß Litthauen/ so
erblich dem Jagellonischen Hause zustünde/ seinem Sohne cediret
seyn solte. Weil nun diese Anfoderung einen blutigen Krieg zwischen
den beyden Cronen verursachen können/ hielten es die Polen vor rath-
sam/ solchen durch Erwehlung dieses Printzens zu vermeiden.

Inzwischen rüsteten sich die Dissidenten Maximiliano einen
sonderlichen Dienst zu leisten; aber Zamoski machte alle ihre Anschläge zunichte. Sie waren willens den Primatem Regni hinweg zu nehmen/ welcher sich aber auff Einrathen dieses Generals in
das Warschauische Schloß retirirte. Mitlerzeit erklärte sich der
Cardinal Radzivil, welchem das Haus Oesterreich ein Fürstenthum
geschencket/ mit seiner gantzen Familie vor diese Wohlthäter/ wozu
sich auch die Korkevvieskische schlugen. Dieses verdoppelte zwar den
Hochmuth der Dissidenten/ minderte doch Zamoski Hertzhafftigkeit
nicht im geringsten. Nachdem sich nun beyde Theile in Schlacht-
Ordnung gestellet/ stiegen die Bischöffe zu Pferde/ und verhüteten
durch ihre Dazwischenkunfft die weitere Unordnung.

Inzwischen/ daß diese Prelaten das ihrige thaten/ stieg der
Päbstliche Nuntius, ob er schon lahm war/ auf den höchsten Thurn zu
Warschau/ um das Treffen mit anzusehen. Er zweiffelte gar nicht
an der Dissidenten Sieg/ weil sie denen andern nicht allein an Menge überlegen/ sondern auch durch seinen Wunsch verstärcket würden.
Die Catholicken ärgerten sich sehr ob dieser That/ und schoneten seiner
in ihren Reden gantz nicht. Die Bescheidensten begnügten sich mit
einem Schertze und Allusion auff den Nuntium und den Obristen
der ketzerischen Parthey; sagende/ Maximilianus muß bald um-
fallen/ weil er nur von einem Höckerichten und Lahmen gehalten
wird.

Wie

Wie nun die Diſſidenten merckten/ daß der Oeſterreichiſche Nahme allzu verhaßt/ und ſie von vielen Adhærenten verlaſſen würden/ beſchloſſen ſie öffentlich den Zaar vorzuſchlagen. Diejenigen/ ſo es weder mit Sigismundo noch den Oeſterreichiſchen hielten/ vereinigten ſich zuſammen/ ſo bald man aber von Maximiliano redete/ kehreten ſie wieder zurück.

Die Abgeſandten wurden zur Audientz gelaſſen/ und dem Päbſtlichen Nuntio der Vorzug gegönnet/ welcher eine treffliche Lob-Rede von den Tugenden Maximiliani hielte/ ſo aber denen Zuhörern eben ſo angenehm/als der verhaßte Orator ſelbſten fiele.

Stanislaus Pavvlouski, Biſchoff von Olmus und Käyſerlicher Abgeſandte/ wurde nach dieſem hinein geführet/ welcher ſeine Rede gleichfals mit dem Lobe dieſes Fürſten/ als ſeines Principalen Bruders/ ausgezieret. Weil man aber von dieſem Competenten mehr Schaden zu befürchten/als Nutzen zu hoffen hatte/ wurde er gleichergeſtalt ſehr kaltſinnig angehöret.

Dieſem folgeten die Schwediſchen Abgeſandten/ Nahmens Erich Sparre, Senator und Groß-Cantzler des Königreichs/ und Erich Brahe, Sigismundi Haus-Marſchall/ welche erſtlich ihren Herrn entſchuldigten/ daß er ſie nicht ehe abgeſchickt/indem er ſich zuvor erkundigen wollen/ob die Republic noch einige Betrachtung vor das Jagelloniſche Haus trüge/ daraus ſein Sohn Sigismundus, mütterlicher Linie nach/entſproſſen. Sie verſprachen zwar der Crone keine ſonderliche Vortheile/weil man aber beſorgte/ Maximianus mögte ſie vor andern davon tragen/ſo verlangte man eben nicht alles von ihnen/was wohl in andern Conjuncturen geſchehen wäre.

Der Primas hatte die Furcht noch nicht vergeſſen/ſo ihm die Diſſidenten durch das Vorhaben ihn hinweg zu nehmen eingejaget/ dannenhero wolte er den Reichs-Tag gern zu Ende bringen/ und ließe ohngeacht ihrer Betrohung den 9. Auguſt. 1587. die Wahl anheben. Ihre Anzahl hatte ſich ziemlich verringert: denn weiln ihr Obriſter der Graf Gorka einige von ihnen unziemlich tractiret/ begaben ſie ſich um ſolches zu rächen/ zu der andern Parthey.

F   Man

Man colligirte die Stimmen/ und Sigismundus de Vasa wurde durch den Primatem zum König in Polen ernehet. Nachdem nun iederman durch das Zuruffen seine Einwilligung bezeuget/ sonderte sich die Versammlung/ und der Bischoff gieng nebst dem Senat und Adel in die Warschauische Thum-Kirche/ GOtt vor die Endigung dieser Verrichtung zu dancken. Man ernennete die Abgesandten/ so Sigismundo seine Erwehlung anzeigen/ und ihn in Polen begleiten solten. Der 7. Octobr. ward zu seiner Crönung bestimmet.

Inzwischen als die Catholicken an der Wahl des Königs arbeiteten/ so vertriebe der Graf Gorka und die Zborovvskischen ihre Zeit mit Trincken. Sie entsatzten sich ziemlich/ als sie höreten/ was bey dem Reichs-Tage vorgegangen. Sie wolten zwar ihren Fehler ersetzen/ begiengen aber noch einen grössern. Sie protestirten wider die Wahl/ als welche durch Gewalt und wider die Gesetze vollzogen worden. Ihre Versammlung verordnete/ daß der zukünfftige König/ dasjenige so unter der Regierung Stephani wider Christophorum Zborovvski beschlossen/ wieder auffheben solte: thaten auch noch unterschiedene andere auffrührische Verordnungen/ welche so viel lächerlicher schienen/ weil niemand denenselben nachzuleben gezwungen war.

Der Lithauische Adel ließ ihnen durch einige Deputirte seine Mediation antragen/ und zugleich bitten/ daß sie keine neue Wahl vornehmen mögten. Allein sie gaben zur Antwort/ daß sie Maximillanum erwehlen wolten/ welches auch alsobald geschahe.

Gorka und seine Collegen versammleten sich den 12. August. und erklärten Maximilianum zum Könige in Polen. Schickten auch eine Gesandschafft an ihn/ deren Haupt war Jacobus Voroniecki, Bischoff von Kiau, welcher ihn zum König ernennet. Des andern Tages/ nehmlich den 13. Aug. hielte der Cardinal Radzivil die Dancksagung wegen glücklich geendigter Wahl. Die Ceremonie geschahe zu Warschau in der Vorstadt bey den Bernhardi-

hardinern/ weil sich diese Rebellen der großen Thum-Kirche nicht
bemeistern kunten.

Die Lithauer aber protestirten wider beyde Erwehlungen/
wodurch sie die Freyheit erhielten/ keinem von diesen Fürsten beyzu-
stehen/ sondern demjenigen zuzufallen/ welcher die Oberhand behalten würde.

Zu allem Glück hatte sich die Versammlung noch nicht von
einander begeben; dahero erklärte sie Maximiliani Erwehlung vor
auffrührisch/ und stieße alles übern hauffen/ was die Dissidenten gethan hatten. Allein wie auch die heilsamsten Anordnungen unnützlich sind/ wenn solche nicht beobachtet werden; als wurden auff den
Gränzen und im gantzen Königreich nöthige Anstalt gemacht / um
sich Maximiliani Unterfangen zu widersetzen. Dieser Prinz hielte sich zu Olmutz in Mähren auff/ von dannen er in kurtzer Zeit in
Polen kommen kunte; Sigismundus hingegen muste über den
Belt schiffen/ welcher vornehmlich im Herbst sehr gefährlich ist. E-
he noch die Stände von einander giengen/ wurden Zamoski die
Reichs-Angelegenheiten anvertrauet; welcher mehr thate/ als man
von ihm hoffen können/ dahero ungewiß/ ob er hiedurch mehr Ehre/ o-
der die Republic Nutzen erlanget.

Er reisete von Warschau ab/ und gelangete in guter Ordnung
mitten in der Feinde Lager an/ ehe sie solches inne wurden. Denn
sie den gestrigen Rausch noch nicht ausgeschlaffen. Wenn der
Graf von Gorka seines Feindes Lager in solchem Zustande ange-
troffen/ zweiffele ich/ ob er jemand leben lassen. Allein Zamoski
straffete diejenigen nur mit einem Verweiße/ so er alle niedermetzeln
können. Er befahl seinen Leuten/ die Schildwachten/ welche ihre
Posten so wohl in acht genommen/ wacker zu prügeln/ und gab dadurch denen Rebellen zu erkennen/ daß er nicht allein ein guter Bie-
dermann/ sondern auch erfahrner Soldat wäre.

Cracau die Haupt-Stadt des Königreichs/ deren sich die Dissidenten leichte bemeistern können/ wo er ihnen nicht zuvor kommen/
war die erste Frucht seiner Hurtigkeit. Er versahe dieselbe mit sol-

cher

ther guter Ordre und dermaßen starcker Garnison, daß sie das folgende Jahr eine Belägerung aushielte/ welche Maximilianus mit Schanden auffzuheben genöthiget ward.

Aber wir haben einen kleinen Umstand vergessen/ dessen wir nicht gedencken wolten/ wo man nicht daraus die Eitelkeit und Gottlosigkeit der Stern-Kunst ersehen könte. Ein berühmter Sternseher saß den Tag/ worinn Sigismundus erwehlet wurde/ bey Zamoski an der Tafel/ welcher ihn fragte/ ob er durch seine Kunst sagen könte/ wer zum König in Polen erwehlet werden solte. Der Sternseher antwortete nach einem kleinen Nachsinnen/ quem Deus volet, welchen GOtt dazu bestimmet. Auff welche Antwort Zamoski aber nicht Achtung gegeben. Des andern Tages ließ ihm eben dieser Wahrsager/ wie er bey der Versammlung war/ einen Zettul mit diesen wenigen Worten einhändigen/ ihr habt gestern die Antwort so ich euch gab/ nicht verstanden. Leset das Wort Deus hinterrücks/ so werdet ihr das Geheimniß und den Nahmen des Königs erfahren. Man urtheilte aber gantz anders von diesem Manne; denn da man ihn des vorigen Tages ver einen Unwissenden geschätzet/ wurde er nun vor einen Gottlosen gehalten.

Maximilianus und Sigismundus kamen beyde in Polen; dieser empfieng zu Oliva einem Kloster/ nahe bey Dantzig den Eyd der Treue/ und rüstete sich nach Cracau zu gehen/ welches von seinen Rivalen belagert wurde. Es schiene/ als wenn diese Haupt-Stadt decidiren solte/ welchem von beyden Competenten die Polnische Crone auffzusetzen. Denn der eine war eusserst bemühet/ solche zu bemeistern/ und der andere sie zu erhalten. Maximilianus schickte ein Detachement von seiner Armeé Sigismundo entgegen/ welcher aus Mangel der Trouppen sich nach Rava retiriren muste.

Der Ertz-Hertzog continuirte zwar die Belägerung/ doch ziemlich saumig. Nichts desto weniger hoffete er den Platz durch das Verständniß mit denen in der Vorstadt wohnenden Teutschen einzunehmen. Diese hatten ihm versprochen zwey Regimenter in ihren

ihren Häusern zu verbergen/ welche sich des einen Stadt-Thors/ so wegen Entfernung der Feinde von selber Seite/ nicht wohl bewahret wurde/ bemeistern könten. Zamoski langete gleich dazumahl mit Entsatz an; wie er nun diese Verrätherey erfuhre/ ließe er alsobald die zwey Regimenter niederhauen / und die Vorstadt anzünden. Durch welches Feuer nicht allein alle die Teutschen umkamen/ sondern auch das Carmeliter-Kloster eingeäschet wurde. Doch wurden die Mönche wegen dieses Unglücks gar nicht betauret / weil solches der Republic eine großen Vortheil zuwegen brachte.

Die Belägerung wurde zwar hierauff auffgehaben/ doch wolte der Ertz-Hertzog noch nicht von der Stadt weichen/ sondern stellte den 25. Novembr. seine Armée auff einer sehr weiten Ebene in Schlacht-Ordnung. Zamoski/ welcher nicht weniger Lust zum Treffen hatte/ thäte dergleichen. Man kommt bald zum Handgemenge/ wenn beyde Theile eines Sinnes sind. Die Schlacht währte zwey Stunden. Maximilianus wurde geschlagen/ und verlohr acht Stück grobes Geschütz. nebst fünff Standarten. Er zohe sich zurück nach Czestokoüa, wohin ihm Zamoski nicht nachfolgen wolte.

Sigismundus langete kurtz hierauff zu Warschau an; er wurde vom Bischoff von Caminiek mit einer schönen Rede bewillkommet/ welche er gleichfals in Polnischer Sprache/ so ihm seine Frau Mutter gelehret/ beantwortete. Er hielte einen sehr prächtigen Einzug/ daß sich iederman verwunderte/ wie man in einer Belägerung solche köstliche Ehren-Pforten auffrichten können/ dergleichen fast bey Friedens-Zeiten nicht gesehen worden. Doch übertraffen diesen Zierath die dem Feind genommene Fahnen / wie auch Zamoski seine/ welche gantz durchlöchert waren.

Es kame aber noch eine Schwürigkeit dazwischen / welche die Crönung auffhielte / und ihme das Königreich fast verlohren hätte. Denn die Polen verlangten/ daß man ihnen die Provintz Eston. so die Schweden eingenommen/ wieder abtreten solte; Diese ob sie schon keine Ursache sich dessen zu weigern hatten/ wolten doch solche weil

weil ſie ihnen wohl anſtunde/ nicht wieder geben. Man ſagte zwar Sigismundo, daß man ihn nicht vor einen König erkennen würde/ ſo er in dieſen Artickel nicht einwilligte ; allein er antwortete/ daß er lieber das Königreich verlaſſen/ als dieſes thun wolle. An dieſem Entſchluß merckte man gleich/ daß die Schwediſchen Geſandten Befehl von ihrem Könige hätten/ dieſen Artickel gar nicht einzugeben ; und die Polen/ um größer Unheil zu verhüten/ wolten lieber die Deciſion biß nach dem Toote Johannis verſchieben/ als die Zeit mit weiterer Proteſtation verderben. Die Furcht/ welche ſie vor das Oeſterreichiſche Haus trugen/ machte/ daß ſie den Verluſt einer herrlichen Provintz nicht achteten/ damit ſie nur ihre Freyheit und das Königlich gäntzlich behaupteten/ welches in große Gefahr geſetzet worden/ wenn ſie der Teutſchen Herrſchafft annehmen müſſen.

Hierauff beſchloſſe man den König zu crönen. Die Diſſidenten bemüheten ſich von Neuem/ die ſo offt begehrte Freyheit zu erhalten ; ſie wuſten ſich den ietzigen Zuſtand/ worinn man ihnen nichts verſagen durffte/ ſehr wohl zu Nutzen zu machen. Denn Maximilianus war ungeacht der erlittenen Niederlage noch eine Schlacht zu wagen/ geſinnet. Derowegen willigte der König in ihr Begehren/ und wurde den 27. Decembr. durch den Primatem der Gewohnheit nach zum König gecrönet.

Anno 1588. gelangte Maximilianus wieder in Polen an. Zamoski gieng ihm entgegen/ weil er aber noch auff Secours wartete/ kehrte er wieder zurück in Schleſien/ nicht glaubende/ daß ſein Feind ihm nach folgen/ und aus dem Königreich zu gehen/ ſich gedrauete/ gleichſam wenn ein tapfferer Obriſter ſein ſieghafftes Kriegs-Volck durch ſolche nichtswürdige Urſachen auffhalten ließe. Den 7. Januar. wurde die Schlacht gehalten/ worinn Maximilianus gleiches Glück wie in der vorigen/ erfuhre. Er retirirte ſich nach der Niederlage in die Stadt Biczyna, welche Zamoski belagerte/ und ihn zwunge/ ſich auff Diſcretion zu ergeben. Allein die großmüthige Sieger erzeigte ihm alle ſeinem Stand gebührende
Ehre ;

Ehre; wolte ihn auch in diesem barmherßigen Zustande nicht nach Cracau führen/ welches er zuvor belagert gehalten. Er ließe ihn auff der Festung Crasnostau, davon ihn die Zborovvskische hinweg genommen/ wo Marcus Sobieski, Cron-Groß-Fähndrich und Gouverneur dieses Orts/ ihr Vorhaben nicht entdecket hätte. Zamoski hielte im übrigen seinen Gefangenen dermaßen honorabel, daß er ihn auch eins von seinen Kindern aus der Tauffe heben ließe.

Doch ware Maximilianus nebst der ganßen Artillerie und Bagage nicht die einßige Frucht dieses Sieges/ sondern sein ganßer Anhang erkennete Sigismundum vor einen König. Unter denen Gefangenen befand sich der Bischoff von Kiau, Andreas Zborovvski, nebst dem berühmten Grafen von Gorka und vielen andern. Es war ein trauriges Schauspiel dergleichen vornehme Leute in solchen elenden Zustande zu sehen/ man hatte ihnen alles genommen/ und das Leben/ so ihnen noch übrig blieben/ muste nebst der Hoffnung/ so ihnen der Uberwinder ließe/ der einßige Trost ihres Unheils seyn. Doch betrogen sie sich darinn auch nicht; denn sie Zamoski alle auff freyen Fuß stellete. Dieser Sieg versicherte Sigismundo die Crone/ brachte dem Königreiche den Frieden/ und dem Hause Oesterreich die höchste Unruhe.

Nun stritte niemand mehr um das Königreich/ sondern man bemühete sich Maximiliano die Freyheit wieder zu erlangen. Käyser Rudolphus ersuchte den Pabst die Mediation hierinn auff sich zu nehmen. Seine Heiligkeit sandte den Cardinal Hippolytum Aldobrandinum, welcher nachgehends unter dem Nahmen Clementis VIII. den päbstlichen Stuhl besessen/ in Polen/ wegen seiner Ranßion zu handeln. Sigismundus und der Senat schenckten Maximiliano die Freyheit unter solchen raisonnablen Bedingungen/ welche das Oesterreichische Haus selbsten nicht anbieten wollen. Und ob man schon dem Könige vorhielte/ daß sich der Erß-H. rßog durch eine ziemliche Summa Geldes lösen müste/ weil Francißcus, König in Franckreich solches von Carolo V. gleichfals gethan/

gethan/ ob er gleich nicht gar zu wohl wäre gehalten worden; so wolte er doch solches nicht anhören/ sagende/ daß Carolus hierinn keine Fürstliche That verrichtet. Es wäre schon genug/ daß ihm das Glück den Vortheil über seinen Feind gegönnet/ drum solte auch das Geld ihm die Ehre/ demselben die Freyheit zu schencken/ nicht rauben können.

Maximilianus wurde durch diesen Tractat gehalten/ den Titul als König in Polen abzulegen/ diejenigen Plätze/ so er einbekommen/ dem Königreich wiederum abzutreten/ und Frieden zu halten; und Käyser Rudolphus ward verbunden die Bürgschafft vor ihn auff sich zu nehmen. Alle Fürsten/ so Mediatores dieses Friedens gewesen/ lobten der Polen Bescheidenheit; der einzige Maximilianus wolte den Tractat nicht unterschreiben; dahero er biß Anno 1589. da er wider gegebene Parole durchwischte/ im Gefängniß bleiben muste. Er weigerte sich noch stets die Artickel zu unterzeichnen/ hätte es auch vielleicht nimmermehr gethan/ wo ihn nicht sein Bruder durch scharffes Zureden endlich dahin vermocht.

Sigismundus regierte das Königreich biß 1632. da er zwey Meilen von Warschau mit einem Schnupffen überfallen wurde/ davon er den letzten April im 66. Jahr seines Alters seinen Geist auffgabe. Er war mit allen Fürstlichen Tugenden außgezieret; denn er liebte die Gerechtigkeit/ und iederman muste seine Gottesfurcht rühmen; Glück und Unglück wuste er mit gleichem Gemüthe zu ertragen. Der Glantz der Polnischen Crone/ welche ihm in seiner Jugend auffgesetzet wurde/ kunte ihn so wenig verblenden/ als er wegen Verlust des Königreichs Schweden/ dessen ihn sein Vetter beraubte/ den Muth sincken ließe. Diese herrliche Qualitäten schändete er nicht wenig durch seinen allzu großen Eigensinn/ welcher ihm viel Unheil verursachte. Sein Printz Uladislaus war gleich abwesend/ als er kranck wurde/ traffe ihn aber noch lebendig an. Es schiene als wenn seine Gegenwart dem König Stärcke genug gegeben/ ihm mit einiger Hand die Schwedische Crone auffs Haupt

zu

zu setzen. Sigismundus starb im gutem Vergnügen/ und hinterließ eine ziemliche Menge Nachkömmlinge/ und einen Sohn/ dessen
Tapfferkeit und Aufführung den Schweden einsmahl eine Reue ihrer Ungerechtigkeit einjagen kunte.

Erwehlung Uladislai, Königs Sigis-
mundi Sohn.

Diese Erwehlung gieng um desto stiller zu/ weil Printz Uladislaus keine Neben-Buler hatte. Einige meynten/ Gusta-
phus Adolphus, König in Schweden würde um die Crone
werben/weil dessen Ehrgeitz groß genug war den Polen dieses Vorhaben einzubilden/ und es schiene als wenn die vielen Ketzer/ womit das
Königreich angefüllet/ zu diesem falschen Gerücht/ so zwar bald ge-
stillet wurde/ Anlaß gegeben. Der Adel von Groß-Polen/ welchen man wegen Gleichheit der Religion vor seinen Anhang hielte/
war der erste/ so ihn ausschloße / und diejenigen vor Verräther des
Vaterlands erklärete/ welche sich ihn vorzuschlagen erkühnten. Als
in einer andern Versammlung ein Wäywode vortruge/ man mögte
einen ausländischen Printzen erwehlen/ widersetzte sich ihm der gantze
Adel/ also daß er mit der Flucht dessen Zorn zu entgehen genöthiget
wurde. Uber dieses hatte auch Adolphus in Teutschland genug
zu thun/ daß er sich also noch mehr Feinde zuzuziehen/ vor undienlich
schätzte.

Man hatte auch Johannem Casimirum, Uladislai Bruder in dem Verdacht/ ob würde er um die Crone ansuchen/welcher
Ruff auch besser als der erste gegründet war. Die Printzen waren
beyde von Sigismundo, aber nicht von einer Mutter gezeuget.
Casimirs seine bemühete sich am Tornischen Reichs-Tage das Königreich auf ihren Sohn zu bringen; derohalben riethe sie/ man mögte noch bey lebzeiten des Königs einen Nachfolger erwehlen. Ein gewisser Bischoff thate zwar den Vorschlag; worüber sich aber der Se-

G   nat

nat dermaßen ereifferte/daß er diesem Prælaten den Proceſs machen
wolte/weil sein Vorfahren der Republic Freyheit entgegen schiene.
Weil aber einige wichtige Affairen dazwischen kamen / wurde solches verhindert/und der Bischoff durch das Glück von der Gefahr/
worein ihn sein Unverstand gestürtzet/errettet.

Dieser Prælat machte/daß man nachgehends in den Gedancken stunde/die Clerisey wäre Uladislaï Erwehlung zuwider/ doch
wurde durch nachfolgende Begebniß diese Muthmaßung auffgeho-
ben. Uladislaus wurde gefährlich kranck/ die Aertzte riethen ihm
des Bettes zu hüten/noch vor der Ankleidung zu speisen / und selten
sich sehen zu lassen. Dieses letztere verursachte/daß er die Meße in
seinem Zimmer lesen ließe/ dahero die Ubelgesinnten außsprengten/
er wäre nicht gut Catholisch. Allein die Bischöffe wusten daß sein
Beginnen zuläßig; daher sie sich seiner Prætension nie wiedersetzten.

Printz Casimir gab genugsam zu erkennen/ daß er seines
Bruders Wahl nicht umstoßen wollen/indem er die Crone nicht vor
sich/sondern vor den Aeltern sollicitirte; daher es ihm auch keine
Schande war / daß er keine Stimmen erhielte/weil er solche nicht
verlanget.

Johann Uezik, Ertz-Bischoff von Gnesen, nachdem er den
Ständen den Todt des Königes kund gethan/ berieffe sie auff den 27.
Junii zum Præliminar-Reichs-Tage: Die Diſſidenten hiengen
sich wiederum zusammen/ um die Gewissens-Freyheit/ so sie bey vorigen Interregnis bekommen/ zu erhalten. Wir wollen solches
nicht wiederum repetiren. Allein itzo konten sie sich an die andere
Competenten nicht hangen/weil keine mehr um die Crone anhiel-
ten. Der Wahl-Tag wurde biß auff den 17. Septembr. des itzt-
lauffenden Jahres verschoben. Der Adel kame zusammen/ mehr
eine Gunst zu verdienen/und dem Printzen zu schmeicheln/ als seine
Stimmen zu verkauffen.

Auff diesem Reichs-Tage wurde eine Affaire vorgeschlagen/
deſſen verdrießliche Nachfolgungerungen das gantze Königreich nach-
langet

langer Zeit beseuffzen müssen. Man hielte vor nöthig/ die Rechts-
Gesetze/ welche verschiedene Könige gemacht/ in einen Codicem
zusammen zu tragen/ und solche durch den zukünfftigen König be-
kräfftigen zu lassen. Die Wohlgesinnte waren der Meynung/
man mögte einige Proceß-Ordnungen mit anhängen/ um denen
Verdrießligkeiten vorzukommen/ durch welche diejenigen/ so vor
Gericht zu thun/ gäntzlich ruiniret würden. Denn die Advoca-
ten waren unersättliche Blut-Egels/ und foderten schreckliche Sum-
men Geldes. Wenn iemand sich ihres Raths wegen einer Sache
erholen wolte/ antworteten sie/ daß die Sache durch einen Gang geendiget werden könne/ diesen aber ließen sie sich so theuer bezahlen/
daß wenig Leute in dem Stande waren/ ihren Geitz zu sättigen.
Alle Gerichts-Bedienten erschracken/ als sie den Vorsatz vernah-
men/ daß ihre Mißbräuche abgeschafft werden solten. Sie be-
rathschlagten sich dannenhero/ um diese Verordnung zu verhindern/
welches ihnen so schädlich/ als nützlich ihren Clienten gewesen wäre.
Diese eigennützige Leute brachten es auch durch ihren Fleiß und
Sorge endlich so weit/ daß die Sache auff eine andere Zeit verschoben
wurde. Doch geschahe solches mehr wegen der Unruhe des Interregni, als ihrer Remonstrationen/ auff welche honnête Leute nicht
groß Achtung gaben.

Weil nun diese wichtige Sache nicht kunte in Ordnung ge-
bracht werden/ schritte man ohne weitern Umschweiff zur Wahl.
Printz Casimir trate nebst seinen Brüdern in den Senat, und führte
das Wort in seinem und der gantzen königlichen Familie Nahmen.
Man ließe sie die Ober-Stellen einnehmen/ und Uladislai Depu-
tirte/ welche mit ihnen kommen/ wurden an den gewöhnlichen Platz der
Abgesandten geführet. Casimir recommendirte seinen ältisten
Bruder/ man lobte das gute Naturel der jungen Printzen/ und
Henrich Firley, Bischoff von Premislien nahm die Rede vor Ula-
ladislaum, und sagte/ daß ob schon die Republic völlige Macht
hätte einen König nach ihrem Belieben zu erwehlen/ weil das Königreich nicht erblich wäre/ so wolte sie doch wegen einer sonderbaren

Ehr-

Ehrerbietung/ so sie iederzeit vor das königliche Haus getragen/ dessen Kinder denen Ausländern vorziehen. Denn der gantze Adel den Printzen/ so sich anbiete/ vor einen Nachkommen der Jagellonischen Familie erkennte. So redete auch das glorwürdigste Gedächtniß des Vaters vor den Sohn. Uber dieses geben die herrliche Conquêten/ welche Uladislaus persönlich in der Moscau erhalten/ wie auch die Abtreibung der Türcken von Choczin, ein vortreffliches Zeugniß seiner Tapfferkeit. Derowegen er eine gute Hoffnung zu dem Senat und Adel trüge/ welchen des Printzen Verdienst so wohl als ihm bekandt wäre. Hierauff antwortete der Primas so höflich/ als man es wünschen können/ der Adel thäte dergleichen/ und man begleitete die Printzen mit eben den Ceremonien/ als man sie hinein geführet.

Des andern Tages wurde der Päbstliche Nuntius, Honorius Viscomti zur Audientz gelassen/ und dem Ertz-Bischoff zur lincken Hand gesetzet. Er bate die Versammlung im Nahmen ihrer Heiligkeit einen Catholischen König zu erwehlen/ und recommendirte Uladislaum; Seine Rede war sehr schlecht und allzu lang/ daß man solcher leicht überdrüßig wurde. Der Primas bedanckte sich gegen ihre Heiligkeit/ mit Versicherung/ daß man einen König erwehlen wolte/ der ihr anständig. Denn dieser Printz nicht allein die Catholische Religion beschützen/ sondern auch seine Feinde erschrecken/ und die gantze Welt in Verwunderung setzen würde.

Man hatte dem Schwedischen Gesandten einen Tag bestimmet/ in welchem er zur Audientz solte gelassen werden; inzwischen kam auch der Käyserliche an/ und wolte eben den Tag Audientz haben. Derohalben fiel es schwer/ sich dergestalt zu verhalten/ daß keiner von beyden beleidiget würde. Das Podagra muste hierinn der Schieds-Mann seyn. Indem sich der Schwedische stellte/ als wäre er damit überfallen/ und könte also nicht erscheinen. Als nun der Käyserliche vorgelassen/ erzehlte er die Verbindungen des Oesterreichischen Hauses mit Polen/ und recommendirte im Nahmen seines

nes Principalen Ferdinandi II. den Printz Uladislaus als seinen naher Anverwandten.

Der Primas bedanckte sich nebst dem Marschall gegen ihre Majestät und versprachen nach geendigter Wahlr an sie zu schreiben. Man hörte alsobald einen Oesterreichisch-Gesinnten ruffen/ daß man noch hinzu fügen müste/man würde sein Absehen auf ihrer Maj. Recommendation zu richten wissen. Allein die andern schriben alle/ daß solches unnöthig sey.

Das Podagra vergönnete endlich dem Schwedischen Abgesandten noch zur Audientz zu kommen. Er proponirte das gute Verständnüß zwischen den beyden Cronen zu befestigen/bate zugleich keinen von den königlichen Printzen zu erwehlen / wo er nicht der Schwedischen Crone absagen wolte. Allein seine Meynung wurde nicht angenommen; er begehrte noch etwas anders/ so dem Senat nicht anstunde. Doch wolte man lieber dissimuliren/ als sich von neuen mit einem Fürsten verwirren/mit welchem man allbereit schon genug zu thun hatte.

Die Abgesandten der Fürsten vom andern Rang wurden absonderlich verhöret. Die Preußnische begehrten vor ihrem Herrn unter den Senatoren eine Stelle. Man ware aber mit ihm nicht allerdings zufrieden/ weil er Gustavum in Preussen gelassen/ und ihm mit Geld/Waffen und Munition ausgeholffen. Ein Polnischer Edelmann/ welcher diesem Fürsten ungeneigt ware/ wolte ihm seinen Haß ietzo zu erkennen geben/ und verhinderte seine Deputirte/ daß sie ihren Sitz in der Versammlung/ allwo sie schon ankommen / nicht einnehmen durfften. Sie verlangten Reparation wegen dieses Schimpffs/ bekamen zur Antwort/ daß sie ohngebeten sich nicht einstellen sollen.

Die Stadt Dantzig wurde etwas höflicher tractiret; man gabe ihr das Recht/ bey Erwehlung der Könige eine Stimme zu haben/ welche Freyheit bißhero keiner Stadt als Cracau und Wilna denen Haupt-Städten Polens und Lithauens gegeben worden.

Anno 1632. den 13. Novembr. wurde Printz Uladislaus mit

Consens des gantzen Adels erwehlet. Er leiſtete den gewöhnlichen Eyd/ wurde durch den Primatem ernennet/und den Groß-Marſchalln proclamiret. Des andern Tages hielte der Ertz-Biſchoff in der Cracauiſchen Thum-Kirche die Meſſe/ und der König muſte den von ihm begehrten Eyd leiſten. Der Primas verſicherte ihn/ daß ſolcher der Catholiſchen Religion gar keinen Schaden brächte/ ob gleich der Proteſtanten Religions-Freyheit mit darinnen begriffen. Raphael Leczinski. Wäywode von Belz wolte etwas ſagen/ allein der Ertz-Biſchoff richtete ſeine Rede gegen den König/und ſagte/ daß es gebräuchlich wäre/ dem Könige die Acte der Erwehlung vor dem Altar zu übergeben/ um ihn dadurch erkennen zu machen/ daß Polen nicht nur ein Catholiſches Königreich/ ſondern ihm auch durch die Catholicken anvertrauet / und daß es ihm zukäme / ſolches mit allem Vermögen vor ſeine Feinde zu beſchützen. Den 18. Febr. 1633. wurde der König geweihet und gecrönet. Der Ertz-Biſchoff wiederholte bey dieſer Ceremonie die obgemelte Puncten/ob ſchon die Ketzer ſolches gern verhindern wolten.

Es wäre wohl zu wünſchen/ daß alle Vorfahren und Nachfolger dieſes berühmten Prælaten gleichen Eifer bezeiget. Das Königreich hätte dieſes nöthigen Mannes gern länger genoſſen/ und ihme die Ehre des Cardinalats/ ſo ihm S. Heiligkeit geben wolten/ befördern helffen. Allein der Tod/ welcher ihn Anno 1638. abfoderte/ beraubte ſo wohl Polen eines auffrichtigen Patriotens/ als das H. Collegium eines eiferigen Geiſtlichen.

König Vladislaus ſtarb Anno 1648. den 20. Maj. zu Merck in Lithauen nach ziemlich glücklicher Regierung an einem ſchlimmen Fieber. Er hatte nicht allein die Moſcoviter etlich mahl geſchlagen/ ſondern auch die Türcken den Frieden zu bitten gezwungen. Seine gröſte Freude war es/ wenn er iederman dienen kunte/ und ſein euſerſt Mißvergnügen/ wenn er keine Gelegenheit/ ſeine Freygebigkeit ſehen zu laſſen/ finden kunte. Dahero ihn ſeine Unterthanen mit höchſtem Leidweſen beklagten/ welches durch die Niederlage der Polen/

... und Einnehmung der unterschiedenen Plätze durch die Cosacken
nicht wenig vermehret wurde.

Erwehlung Johannis Casimiri, Königs Uladislai Bruders.

ES ist mehr als zu gewiß/ daß Polen solch groß Unheil nimmermehr erfahren/ wenn ihm die göttliche Vorsehung König Uladislaum länger erhalten wollen: Seinen Todtes-Fall aber mußten sich die Cosacken währendem Interregno sehr wohl zu Nutzen zu machen. Sie brauchten zum Vorwand ihres Auffstandes/ der Jüden Unmenschligkeit/ welche von den großen Herren des Königreichs die Güter pachteten/ und ihnen ein solches Geld davon gaben/ daß sie unmüglich den vermeynten Gewinn vor ihre Arbeit erhalten könten. Die Cosacken beschwerten sich deshalben gegen ihre Ober-Herren/ weil ihnen aber keine Hülffe wiederfuhre/ brachten sie ihre Klagen vor dem Senat vor/ der gleichfals auff dieser Bauren Romonstrationes kein großes Auffsehen machte; Solches verdroß sie dergestalt/ daß sie aus Verzweifelung zu den Waffen griffen/ und ihre Herren empfinden machten/ daß niemand so starck welcher von einem Schwächern nicht könne überwunden werden.

Sie erwehlten zu ihrem Führer Bogdan Chimielnieki einen Mann/ welcher sich hierzu am besten schickte; denn er war dapffer/ unerschrocken/ geschickt/ heimlich und sehr rachgierig; Er schreckte beydes Türcken und Tartarn/ welches bey den großen Ukrainern was ungewöhnliches ist. Er verstunde die Lateinische Sprach/ sonst hatte er aber keine sonderliche Ehren-Stellen bekleidet; denn er nur eine Compagnie commendiret/ und bey einem Regiment Secretarius gewesen. Die Cosacken schickten ihn Anno 1648 .... Reichs-Tag/ ....
.... Regierung .... genähet ....

vor

war von Geburt ein Lithauer/ und wurde nebst dem Sohne von den
Türcken gefangen/ welchen letzteren auch die Mutter einsmahls von
den Tartarn rantioniren muste; nach seiner Erledigung nahm er
ein kleines Gütgen/ so ihm sein Vater in der Ukraine bey der Stadt
Czehrin hinterlassen/ in Besiß. Wie nun in dieser Provinß währendem Kriege durch den Tod oder Gefangenschafft der Eigenthums-
Herren viel Güter-verlassen worden.; als bemächtigte sich Bogdan
derjenigen/ so ihm am nächsten gelegen/ hätte auch solche ruhig besessen/ wo er nicht durch einen mächtigern ausgetrieben worden. Denn
Czaplinski des Königs Stadthalter zu Czehrin verlangte sol-
che gleichsfals/ und beyde bemüheten sich ihr Recht über diese Güter/
so ihnen nicht gehörten/ zu behaupten. Sie führten ihren Proceß
vor dem Könige Uladislaus, einer berieffe sich auff die schon erlangte
Possession/ der andere aber wuste keine Ursache vorzubringen/ sondern trachtete solche nur zu erhalten/ weil ihm die Güter wohl an-
stunden. Der König erkante solche Czaplinski zu/ und gabe Bogdan 50. fl. zum Rückstande. Mit diesem Geschencke aber war er
nicht vergnüget/ welches er durch sein Klagen gnugsam zu verstehen
gab. Der Sohn/ so noch unbescheidener als sein Vater/ begegnete
Czaplinski dermaßen unhöflich/ daß er ihn öffentlich ausstreichen
ließe. Diesen Schimpff konte Chmielniki nicht erdulten/ und
begabe sich demnach auff die Insuln/ so im Munde des Borystenis
gelegen. Die Zapororischen Cosacken nahmen ihn willig auf/ und
erwehlten ihn zu ihrem Commendanten/ mehr auff seine ihm er-
wiesene Beschimpffung/ als Geschicklichkeit sehende.
        Die große Progreß welche sie unter diesem Führer mach-
ten/ setzten das Interregnum in einen solchen Zustand/ daß man die
Erwehlung eines Königes vor unnöthig hielte. Podolien/ Volhi-
nien und Reusen wurde entweder verheeret/ oder von den Feinden
besetzet. Die vornehmste Herren dieser großen Provinßien wurden entweder da nieder gehauet oder gefangen genommen/ und die-
jenige musten sich noch vor glücklich schätzen/ welche durch die Flucht
ihr Leben und Freyheit erhielten. Der Herßog von Hieronim,
                                                    Wiesno-

Wiesnovvviski büßte allein in sechs Jahren über 1600000. fl. Einkommens ein. Das Glück dieser bewaffneten Bauren setzte auch die Haupt-Stadt des Königreichts selbsten in nicht geringen Schrecken; dahero man genöthiget wurde/ die Crone um besserer Sicherheit willen an einen andern Ort zu bringen. Warschau/allwo die Reichs-Tage pflegen gehalten zu werden/ muste sich gleicher gestalt dieses Unheils befahren. Die meisten Polen waren gesinnet/ sich mit ihren Kostbarkeiten nach Dantzig zu verfügen; absonderlich weil die Rebellen täglich neuen Allarm machten. Doch wurde endlich durch Klugheit und Dapfferkeit/welche auch in der grösten Gefahr allemahl noch Hülffe erzeiget/dieses unanständige Vorhaben hintertrieben.

Ein kühner Mensch/und welcher billige Ursach zu seinem Zorn zu haben vermeynet/ist allezeit gefährlich. Der neue General eroberte währendem Interregno die Stadt Bar, und um zu erweisen/daß er so wohl das Interresse seiner Religion/als unterhabenden Soldaten befördern wolle/zwunge er die Catholische Priester sich mit den Nonnen zu verehlichen/und nach dem Gebrauch der Griechen zu leben. Die Jüden hatten keine Ursache sich über der Polen Unglück zu erfreuen; indem er diejenigen/ so sich nicht wolten tauffen lassen/alle enthaupten ließe.

Er verwunderte sich selbsten über sein ungemeines Glück/ und meynte/ ob würde ihn solches nicht wieder verlassen können. Im September griffe er bey Pilavvce die Polnische Armeé an/ und schlug sie totaliter; die Rebellen behielten nicht allein die Wahlstatt/ sondern eroberten auch die gantze Bagage, welche über sechs Millionen geschätzet wurde. Dieser Verlust war der Anfang zu der Polen Wohlfahrt. Denn es fielen die Tartarn bey viertzig tausend Mann starck ins Königreich / und wolten theil von dieser Beute haben/ob sie gleich nicht darum streiten helffen. Weil ihnen aber die Rebellen solches abschlugen/ giengen sie wieder zurück. Die Cosacken thäten desgleichen/ um ihre reiche Beute in desto grösserer Sicherheit zu theilen. Man schalte diejenigen so das Lager bewahreten/

ret/ daß sie nach Verlust der Schlacht die Bagage nicht angezündet/
und diesen Reichthum denen geitzigen Feinden entrissen hätte; nachdem man aber sahe/ daß die Feinde hiedurch auffgehalten/ und der
Republic Zeit sich wieder zu erholen/ gegeben worden/ war man sehr
wohl zufrieden/ und fienge in guter Sicherheit den Wahl-Tag
an.

Mathias Lubienski, Ertz-Bischoff von Gnesen/ thate denen
Ständen durch Circular-Briefe den Tod des Königs zu wissen/
und berieffe sie auff den 25. Junii zum Præliminar-Reichs-Tage;
der Wahl-Tag aber wurde biß auff den 6. Octobr. verschoben.
Die Deputirten stellten sich insgesamt im Junio ein/ und ware nicht
die geringste Zwistigkeit/ wie bey den vorigen Wahl-Tagen gesche-
hen/ bey ihnen zu sehen.   Denn die Cosacken und Tartarn hatten so
viel Unfug angerichtet/ daß man auff nichts anders/ als solchen zu
dämpffen/ bedacht war.   Ihre neue Zurüstungen und allbereit ge-
machte Progressen hätten auch andere Völcker als die Polen er-
schrecket; doch haben diese noch allezeit auch in den verworrensten
Affairen Hülffe durch ihre Dapfferkeit erlanget.

Es wurde Befehl ertheilet/ sich mit nöthigen Trouppen wider diese grausame Feinde zu verstärcken; der Hertzog Wiesnovviski hatte sich nach erlittener großen Niederlage in die Stadt Leopold retiriret/ und errettet durch seine Gegenwart diese Reußi-
sche Haupt-Stadt von der Plünderung.   Er sande sich genöthiget
funffzehen hundert tausend fl. aus den kostbaresten Kirchen-Gerä-
then und andern Privat-Personen zu nehmen; welches von iedermann gelobet wurde/ und erboten sich die Geistlichen bey dieser instehenden Noth die Hälffte ihrer Einkünffte herzuschießen.   Hiedurch bekame man Mittel/ sich der Feinde Einfall und Vornehmen
zu widersetzen/ doch wurde das Schrecken und die Furcht noch nicht
gäntlich gehoben.

Wann der Adel zur Wahlschreiten wolte/ wurde solche durch
eine Person umgestoßen/ auff welche man am wenigsten gedacht
Man glaubte nehmlich daß Casimir, welchen man König in
Schwe-

Schweden titulirte/ einige Rivalen haben solte. Man machte weder auff Moscau noch Siebenbürgen Rechnung/ welche alle beyde um die Crone auff eine solche Art Ansuchung thaten / welche nicht anders als mit einem Abschlag konte beantwortet werden.

Der Czar ließe der Republic gantz unbedachtsam andeuten/ daß sie ihm entweder die Crone geben müste/ oder sich zu einem Kriege gefast machen/ welchen er ihr hiemit voraus ankündigte/ wo sie in sein Begehren nicht willigen wolte. Georgius Ragotski, Fürst von Siebenbürgen/ hatte eine Armee von 30000. Mann/ so er der Republic wider ihre Feinde anbote/ wofern sie aber solche nicht annehmen wolte/ wäre er entschlossen das Königreich damit zu überfallen/ und man hatte ihn auch in dem Verdacht/ als habe er die Cosacken auffgewiegelt. Allein des einen Bedrohungen/ und andern Versprechen setzten in der That die Republic in solche Furcht/ daß sie allein Ansehen nach beyde verachtet wurden.

Der Competent, dessen man sich nicht versehen/ ware Fürst Carl Ferdinandus, Bischoff von Breßlau in Schlesien/ und zu Ploczko in Polen. Er suchte die Crone vor seinen Bruder/ hoffte aber solche vor sich selbst zu erlangen. Man glaubte/ er habe einen Agenten in Schweden geschickt/ die Könige um ihren Vorspruch zu ersuchen; bey instehenden Troublen hatte er auch der Republic eine Million zu Werbung der Trouppen vorgesetzet/ welche Hülffleistung einen großen Schein des Eigennutzes gaben/ und ihm keinen glücklichen Ausgang versprechen kunte/ weil gleich dazumahl sein Bruder/ Printz Casimir von der Republic zum Generalissimo über die Armee ernennet wurde. Das Vorhaben aber Printz Casimirs Erwehlung zu hintertreiben/ war Ferdinando vielmehr durch einen unruhigen Kopff eingeblasen worden/ als daß ihn hierzu seine eigene Neigung angetrieben.

Man wurffe den Verdacht auff Stanislaum Zaremba, Bischoff von Kiau, als wäre er der Urheber dieses bösen Rathschlags. Diese Praelat hatte sein Bißthum auff eine gehörige und höhere Art erlanget; er dachte aber solche Ehrenstelle wäre nur eine

Staffel nach einer höhern zu steigen/ und daß ihm das Glück noch
wohl die vornehmste des Königreichs schencken könne/ wenn er dessen
dargebotene Hand recht zu fassen wüste. Der Ertz-Bischoff von
Gnesen ware beynahe ein achtzigjähriger Herr/ und muste seine Stelle nach dem Lauff der Natur bald einen andern abtreten; Solche
nun zu erhalten ware nöthig/ daß der zukünfftige König demjenigen
wegen seiner Erhöhung sonderlich verpflichtet/ welchen er mit dieser
herrlichen Würde beehren solte. Wenn nun Ferdinandus seinem
Bruder zum Nachtheil die Crone erhielte/ schmeichelte sich der Bischoff von Kiau, daß er die Oberstelle unter seinen Favoriten beklei-
den würde/ weil durch seine Vermittelung dieses wichtige Vorhaben
einen glücklichen Endzweck erreichet. Diesen aber zu erhalten/ muste man einen ansehnlichen Vorwand haben/ welchen dieser Prælat
schon vor gefunden schätzte.

Printz Casimir ließ eine sonderbare Gottesfurcht in allen
seinen Verrichtungen hervor leuchten/ er liebte den Krieg/ und trug
eine sonderbare Neigung zum Reisen/ worinn er aber nicht allzu
glücklich ware. Anno 1638. als er zu Genua zu Schiffe gestiegen/
in dem Vorhaben nach Spanien zu segeln/ und die Waffen wider
Franckreich zu führen/ wurde er in Provence angehalten/ und erst
zwey Jahr hernach seinen Bruder Uladislao, welcher einen Abgesandten deßwegen nach Franckreich schickte/ loßgegeben. Ob ihm
nun gleich ein solches Unglück auff dieser Reise zugestossen/ mochte es
ihn dennoch nicht verhindern noch andere vorzunehmen. Anno
1643. reisete er aus Polen/ und wurde zu Loretta ein Jesuite/ ohne
seinem Bruder von diesem Vornehmen/ welches er nicht reifflich genug überleget/ Bericht zu geben. Damit er nun mit besserer Re-
putation diese Gesellschafft wieder verlassen könte/ und der Pöbel
nicht Ursach bekäme/ seine Unbeständigkeit zu schelten/ ernennte ihn
Pabst Innocentius X. 1646. zum Cardinal. Wiewohl auch Casimir diese Ehren-Stelle bald aufgabe. Uladislaus hatte einen
einzigen Sohn/ welcher 1647. starbe. Wie nun des Königs Un-
päßlichkeit seine Kinder weiter versprechen kunte/ als faßte Casimi-

rus beym Hintritt des jungen Printzens bald andere Gedancken.
Die Jesuiten-Kappe hatte er mit dem Cardinals-Hut vertauschet/
nun wolte er auch diesen mit der Hoffnung einer königlichen Crone
verwechseln. Er sendete 1647. im Novembr. seinen Abschied an
ihre Heiligkeit / durch einen Frantzöischen Edelmann/ Namens
Franciscus Fredi du Moulinet, welchen er iederzeit hoch geschätzet/
und ihn mit solchem Vortheil auch in andern Verrichtungen ge-
brauchet/ daß dieser Fürst / um seine Treue und Beständigkeit zu
loben/ zu sagen pflegte/ daß Könige offt durch Fremdlinge /, als ihre „
eigene Unterthanen besser bedienet werden. „

    Casimirs Auffenthalt bey den Jesuiten/ gab dem Bischoff von
Kiau einen Vorwand ihn von der Crone auszuschliessen. Er fande
Beystand an denen Ketzern/ welche diese Gesellschafft/ weil sie an ihrer Bekehrung arbeiteten/ hasseten. König Stephanus hatte sie
in Polen gebracht/ und ihr Anno 1579. ein Closter zu Poloczki in
Lithauen auffzubauen vergönnet. Eben dieser Fürst gab ihnen
nachgehends auch ein Hauß zu Riga in Lieffland ein/ allwo sie aber
wegen der Ketzer Hartnäckigkeit nicht viel ausrichten mochten:
Sie wurden auch durch die Bürgerschafft darinn belagert / und wo
sich der König nicht dazwischen geleget/ wäre dieser Handel wegen der
Ketzer Haß gegen diese Gesellschafft übel abgelauffen. Es regierte
allezeit ein kleiner Zwist unter diesen Mönchen und der Bürger-
schafft/ und Paulus Piasecki, Bischoff von Premislien bemerket in
seiner Historie/ daß 1621. ihre Streit-Händel sich höchlich vermehret
hätten. Doch wurden solche gleicher gestalt im Monat Octobre
eben desselben Jahres durch die Einnehmung dieser Stadt von den
Schweden geendiget. Man unterließe nicht den Verlust dieser
Stadt denen Jesuiten zuzuschreiben; denn weil sie unter der Regierung Sigismundi in großem Ansehen gestanden/ hatten sie unterschiedene Ehren-Stellen vor ihre Creaturen erlanget. Da bingegen
diejenigen/ so dieses Fürsten Gewogenheit nicht genossen/ sich ihnen als Urhebern ihres Unglücks entgegen setzten/ deren Anzahl
die Ketzer ungerechnet/ sich ziemlich hoch belieffe.

                                   Der

Der Bischoff von Kiau glaubte/ daß er den gantzen Adel wider Caſimirum zu ſeinem Beyſtand habe/ weil ſolcher denen Jeſuiten auffgeſeſſen; allein die Sache lieffe weit anders. Denn dieſer
Printz war nicht allein der ältiſte/ ſondern Uladislaus hatte ihn auch
denen Ständen in ſeinem Teſtament recommendiret / und ihn
zum Erben der Fürſtenthümer Raribor und Opelen, in der Schle-
ſien ernennet. Demnach konte der Gegentheil weiter nichts aus-
richten/ als daß er die Wahl auff etliche Tage verſchobe/weil der Senat vor rathſam hielte/ beyde Brüder noch vor der Erwehlung wieder zu vereinigen.

Den 6. Oktober wurde der Wahl-Tag angefangen/ und ver-
urſachten die Conteſtationes, wie bey den vorigen geſchehen/ nicht
die geringſten Händel in demſelben. Die Gemüther waren inge-
ſamt vereiniget/ und man ſonne auff nichts/ als der Coſacken Pro-
greſſen auffzuhalten. Johannes de Torres, Ertz-Biſchoff von
Hadrianopel und Päbſtlicher Nuntius, der junge Marggraf von
Grana, Käyſerlicher Abgeſandter/ nebſt dem Grafen von Arpajou
und Nicolaus von Frexelles, Vicomte de Bregi Frantzöiſchen
Geſandten/ recommendirten insgeſamt den Printz Caſimirum,
vor welchen den 29. dito Georgius Týskicvvicz. Biſchoff von
Samogitien um die Crone anhielte. Dieſer Prælat ſtunde in groſ-
ſem Anſehen bey dem Königreich/ weil er Anno 1645. auff dem
Torniſchen Reichs-Tage das Intereſſe der Catholicken mit höch-
ſten Eifer und Capacität wider die Diſſidenten behauptet.

Des Biſchoffs von Kiau Vornehmen wegen des Printzen
Caroli wurde ihm auffs genaueſte berichtet/ er wuſte alle ſeine
Schliche/ und daß er klar ſehe mit nichts als Calumnien wider die
Jeſuiten ausgezieret/ welches er denn nicht groß geachtet/ wenn nicht
Caſimirus zwey Jahr ihr Ordens-Kleid getragen. Der Biſchoff
von Samogitien/ welcher wuſte/ daß die Jeſuiten beſtand genug
waren ſich gegen ihre mächtigſte Feinde die Ketzer zu vertheidigen/
rechtfertigte ſeinen Printzen mit einer ſolchen durchdringenden Lob-
Rede/ daß dasjenige/ ſo ſein Widerpart vorbrachte/ kaum angehöret
wur-

ren. Er sagte/ daß der Orden/ welchem er zugethan/ seine Person im geringsten nicht verunehre/ daß ihn so wohl die Gottesfurcht solchen anzunehmen als zu verlassen/ gezwungen/ und zweifele er nicht/ daß/ wo er noch darinnen/ ihn anietzo die Stände durch eine Gesandschafft würden heraus fodern lassen. Und ohne Beyspiele bey denen Ausländern zu suchen/ so erinnerte er sie eines ihrer alten Könige/ in Ansehung dessen die Polen eine That verrichtet/ welche ihnen bey allen Völckern Europens zum höchsten Ruhm ausgeschlagen.

Dieser Fürst/ dessen Exempel er zu rechter Zeit anführete/ neste sich gleichfals Casimir, und war der einige Printz Königs Miecislai II. welcher Anno 1034. versturbe. Er hinterliesse seinen Printzen unter der Vormundschafft der verwittibten Königin/ welche aber das Königreich/ nach der Weiber Gewohnheit/ mit solchem Geitz und Eigennutz regierte/ daß man ihren Ehe-Herrn höchlich beklagte/ ob er gleich eines mäßigen Verstands gewesen/ und sich nicht weniger geitzig und unordentlich auffgeführet. Die Königin wurde gezwungen/ um der Unterthanen Haß/ welchen sie durch ihren Geitz angezündet/ zu entgehen/ das Königreich zu verlassen. Casimir wurde gleichfals in seiner Mutter Unglück mit verwickelt; derowegen verfügte er sich in Hungarn/ und gieng von dannen in Franckreich. Die Polen/ welche alles It ihre Fürsten geliebet/ und dieses Lob vor allen Nationen verdienen/ daß nie ein König durch ihre Hände auffgeopffert/ kunten die Abwesenheit ihres Printzen nicht länger erdulten. Die Reue vertrieb den Zorn/ sie suchten ihn allenthalben/ und funden ihn endlich im Königreich Franckreich/ in der Abtey Cluny. Die Abgesandten wolten ihn mit sich nehmen/ allein er entschuldigte sich/ weil er den Habit allbereit genommen/ und Diaconus war. Wie sie nun vom Abte nichts erhalten kunten/ giengen sie zum Pabste/ welcher sie ihrer Bitte gewähret. Demnach führten sie Casimirum wieder in Polen/ und der Adel war wohl zufrieden/ daß er diesen Fehler/ woran er nicht allein schuldig/ wieder ersetzet hätte.

Nach

Nachdem er nun dieses Exempel angeführet/ware es leicht den Adel zu überreden/ daß Casimirus wegen seines Closter-Lebens von der Crone nicht auszuschließen.

Des andern Tages wurde der Siebenbürgische Abgesandte zur Audienz geführet/ welcher/ nachdem er den Prinzen Casimir recommendiret (welches man nicht vermeynet) die Stände bate/ daß wo er ihnen nicht anständig/ man seinen Herrn in Betrachtung nehmen mögte/ welcher der Republic die auffrichtigste und vortheilhaffteste Vorschläge thäte. Man bedanckte sich öffentl. vor den Eifer/ welchen ihr Principal vor den Staat trüge/ ob man schon heimlich dessen Untreu detestirte.

Den 3. Novembr. wurden Prinz Carl Ferdinandi Abgesandten vorgelassen; der Bischoff von Kiau war ihr Haupt und führte das Wort/ wie schon oben erwehnet. Seines Herrn Offerten wurden mit großer Kaltsinnigkeit angehöret. Nachdem er aber von Prinz Casimir nachtheilig zu reden anfienge/ erregte sich der gantze Adel/ und entstunde ein solches Getümmel/ daß er wegen der Verachtung/ so man von seiner Person machte / seine Rede zu endigen genöthiget wurde.

Der Senat schätzte vor dienlich die 2. Brüder noch zu vereinigen/ ehe man zur Wahl schritte/ brachte auch die kleine Anzahl/ welche es mit Carolo hielte/ so weit/ daß die Vornehmste von dieser Part den 10. Novembr. eine Reise zu ihm machten/ und ihm hinterbrachten/ wie sich der Senat vor den Prinz Casimirum erkläret. Weil nun ihre Bemühungen vergebens/ als baten sie ihn/ seinem Bruder den Trohn/ auff welchen sie ihn doch nicht heben könten/ gutwillig abzutreten. Ferdinandus kunte dieses Vornehmen/ wozu ihn eines andern Ehrgeitz wider seine Neigung verleitet/ leichte unterlassen. Er sandte des andern Tages an seinen Bruder sich zu entschuldigen/ und seine Submission anzuzeigen/ welcher/ als er die Erkäntniß seines Fehlers sahe/ ihn selbst besuchte / und um seine Freundschafft/ mit Versicherung der seinigen/ ersuchte. Davon er ihm auch wenig Tage hernach genugsame Proben durch Schenckung

ckung der Fürstenthümer Opelen und Ratibor ablegte. Uber diß
gab er ihm auch das Geld/ so er wegen der Crone angewendet/ alle
wieder. Doch hatte Ferdinandus mehr Betrübniß/ daß er seinem
Bruder zuwider gewesen/ als Freude ob denen großen Verehrun=
gen.

Den 17den wurde die Wahl ohne einige Hinderniß angefan=
gen. Alle Stimmen fielen auff Printz Casimirum, und er wäre
auch noch denselben Tag ernennet worden/ wenn seine Abgesandten
die ihnen vorgelegte Artickel unterzeichnen wollen. Den 20. kam
die Sache zur Richtigkeit/ und wurde er nur gehalten diejenigen zu
unterzeichnen / welche sein Vater Sigismundus angenommen.
Darauff ernennete der Primas Johannem Casimirum zum Kö=
nig in Polen/ und Groß=Hertzog von Lithauen/ und den 17. Januar.
1549. geschahe die Crönung.

Dieses Königs Regierung wurde durch viele/ sowohl innerliche
als euserliche Kriege verunruhiget/ und genoße er in seinem 20 jähri=
gen Regiment nicht die geringste Ruhe. Er wolte sich aber solche
verschaffen/ und gab Anno 1668. den 16. Septembr. in der Johan-
nis-Kirche zu Warschau/ ohngeacht seiner Unterthanen Bitten und
Trähnen/ das Königreich auff.

Man vergliche ihn in diesem Stück mit Carolo V. und hatte
Casimir. noch diesen Vortheil vor jenem/ daß man ihn nicht be=
schuldigen können/ als habe ihn sein Abschied iemahls gereuet.

Er erwehlte zu seinem Auffenthalt das Königreich Franck=
reich/ darinn auch die unglückseligsten Printzen allemahl eine siche=
re Herberge gefunden. Anno 1672. starb er zu Nevers, und kun=
te den Verlust/ welchen Polen nebst der gantzen Christenheit an der
Stadt Caminieck erlitten/ nicht erleben. Die göttliche Vorse=
hung straffte das Königreich dazumahl zugleich mit dem Verlust die=
ser wichtigen Vestung/ und dem Tode eines Königes/ welchen sie un=
endlich geliebet.

Die Bedienten/ welche er bey sich behalten/ verrichteten eine
That/ die so wohl ihre Gottesfurcht / als das Gedächtniß ihres

J   Herrn

Herrn unſterblich machet. Denn ſie vermachten ein anſehnliches
Geld in die Abtey S. Germain zu Pariß/ um jährlich den 16. Decembr. durch eine gewöhnliche Seelen-Meſſe vor dieſes Durchlauchtige Haupt/ hochfeyerlich zu begehen. Aber dieſes ließen ſie
ihm auch auff eigene Koſten ein herrliches Grabmahl in eben derſel-
ben Kirche auffrichten. Der Marmor und Ertz/ ſo die geſchickten
Werck-Meiſter auffs künſtlichſte ausgearbeitet/ werden nimmer ſo
lang dauren/ als die vortreffliche Grabſchrifft/ welche in Lateiniſcher
Sprache daſelbſt zu leſen/und von Pater Franciſcus Delfault, Pre-
diger des Ordens S. Mauritii verfertiget worden. Wir wollen
ſolche mit beyfügen/ weil ich dergleichen noch nie zu Geſichte bekommen.

Zum Gedächtniß
des
Rechtgläubigen Königes.
Allhier
iſt eingemauert das Hertz
Johannis Caſimiri
Königs in Polen
und Schweden.
Welcher allezeit nach Ruhm und Ehre in allen
Dingen biß auff den euſerſten
Grad getrachtet.
Dieſer Printz war der letzte aus dem Ja-
gelloniſchen Hauſe/ und eintziger
Stammhalter des Geſchlechts
von VASA,
Aber der erſte ſo ſich durch ſeine Kriegs-Erfahrung/
Gelehrſamkeit/ und Gottesfurcht
berühmt gemacht.

Er verstunde verschiedene Sprachen/ wodurch er die
Hertzen und Gemüther der Völcker sich
verbinden konte.
Von siebenzehen Feld-Schlachten/ so er gehalten/
hat er nicht mehr als eine verlohren/
in welcher doch sein Gemüth
so wohl als in den
vorigen/
worinnen er den Sieg erhalten/ unüberwindlich
geschienen.
Vor seinen Waffen fielen die Moscoviter/
Schweden/Brandenburger/Tar-
tarn und Teutschen.
Durch seine Gütigkeit/ Gnade und Wohlthaten
brachte er die Cosacken und andere Rebellen
zu vorigem Gehorsam.
Durch seine Gütigkeit erzeigte er sich als einen
Vater/ und durch seine Siege
als einen König.
In seiner 20 jährigen Regierung hat das
Glück seiner Tapfferkeit allemal
den Vorzug gelassen.
Seine Hofstadt hat er mehr im Felde und
Gezelten/ als im königlichen Palast
halten müssen.
Den Triumph hielte er vor sein annehmlichstes
Schauspiel.
Der frühzeitige Tod beraubte ihn des Trostes/
welchen er an seinen Kin-
dern zu erleben ver-
hoffte.
Denn der Himmel hatte beschlossen/ daß keins
von ihnen weder durch Ruhm

I 2   noch

noch Schande sein
Gedächtniß
vermindern solte.
Seine Frömmigkeit
hat allemahl der Tapfferkeit die Wage
gehalten/ und durch diese
Tugenden
wuste er alle seine Feinde
zu
besiegen.
Er hat Clöster und Wäysen-Häuser
zu
Warschau erbauet.
Der
Calvinisten Tempel in Lithauen zerstöret/
die Socinianer aus dem Reiche ver-
bannet/ weil er keine Un-
terthanen beherrschen
wolte/
so Jesu Christo nicht unterworffen.
Diejenigen
so dem Catholischen Glauben entgegen/ ließe er
aus dem Senat schaffen.
Damit dieses Gerichte seine Handlungen
nach den Reguln des Evangelii
anstellen möge.

Hierdurch
erlangte er vom Pabst Alex. VII.
den Nahmen
des Rechtgläubigen.

Endlich als dieser Fürst die Vollkommenheit
aller Ehre erlanget/ und nichts Ruhm=
würdiges mehr in seinem Königreiche auszurichten
sahe/
verließ er solches M. DC. LXVIII.
Die Unterthanen
sahen die Abreise ihres Königes mit gleicher
Betrübniß an/ als die Kinder
den Tod
ihres geliebten Vaters.
Die übrige Zeit seines Lebens verbrachte
er in eitel Ubungen der Gottse=
ligkeit.
Und
starb endlich den XVI. Decembr. M. DC. LXXII.
vom Verdruß wegen Verlust
der Stadt Caminick.
Denn er wuste der großen Liebe zu
seinem Vaterlande
nicht anders genug zu thun/
als daß er sich
durch den Tod dieses empfindlichen
Schmertzens beraubte.
Diesem Closter/ dessen Abt er gewesen/ hat
er sein Hertz zum Zeichen seiner
Gewogenheit hinterlassen:
Oder es
die Mönch in diesem Grabe/
verwahren wollen.

Aber-

Æternæ Memoriæ
REGIS ORTHODOXI.
HEIC
Poft emenfos virtutis
Ac Gloriæ Gradus omnes
Quiefcit Ncbili fui Parte
JOHANNES CASIMIRUS
Poloniæ
ac Sveciæ Rex,
Alto E Jagellonidum
Sanguine,
Familia Vafatenfi
POSTREMUS,
Qvia Summus
LITERIS, ARMIS, PIETATE.
Multarum Gentium Linguas.
Addidicit, quo illas Propenfius
Sibi devinciret.
Septemdecim Proeliis collatis
cum Hofte fignis
Totidem uno minus vicit,
SEMPER INVICTUS,
Mofcovitas, Suecos, Brandeburgenfes,
Tartaros, Germanos
ARMIS,
Cofacos, aliosq; Rebelles Gratia ac beneficiis
EXPUGNAVIT,
Victoria Regem eis fe Præbens
Clementia Patrem.
Denique totis vigenti
imperii Annis
Fortunam Virtute vincens,

AULAM

AULAM HABUIT IN CASTRIS,
PALATIA IN TENTORIIS,
SPECTACULA
IN
TRIUMPHIS.
Liberos ex legitimo Connubio fuscepit,
Queis postea orbatus est, ne si se majorem
reliquisset, non esset ipse Maximus;
Sin minorem, stirps degeneraret.
Par ei ad fortitudinem
Religio fuit,
Nec segnius Cœlo Militavit
QVAM SOLO.
Hinc extructa Monasteria & Nosocomia
Varsaviæ, Calvinianorum fana in
Lithuania excisa,
Sociniani Regno pulsi, ne Casimirum
haberent Regem
Qvi Christum Deum non haberent.
Senatus A Variis Sectis
Ad
Catholicæ Fidei Communionem
Adductus,
Ut Ecclesiæ legibus
Continerentur,
Qui Jura Populis Dicerent,
Unde Illi Præclarum
ORTHODOXI NOMEN
Ab
Alexandro VII.
Inditum.
Humanæ Deniqve Gloriæ

Fasti-

Fastigium Prætergressus
Cum
Nihil Præclarius Agere
Posset,
IMPERIUM SPONTE
ABDICAVIT
ANNO. M. DC. LXVIII.
Tum porro Lachrymæ, Quas nulli Regnans
Excusserat, omnium oculis manarunt,
Qvi abeuntem Regem, non secus
Atq; Obeuntem Patrem,
LUXERE.
Vitæ Reliquum in Pietatis
Officiis cum Exegisset,
Tandem Audita Cameneciæ
Expugnatione, ne tanta cladi
Superesset,
CHARITATE PATRIÆ
VULNERATUS OCCUBUIT.
XVII. KAL. JAN. M. DC. LXXII.
Regium Cor
Monachis Hujus Cœnobii,
cui Abbas Præfuerat
Amoris pignus reliqvit:
Qvod Illi
In hoc tumulo Mœrentes
Condiderunt,

❀):(❀

Erwehlung Michaelis Korybuth Wiesnovvíski, eines Reußischen Edelmanns.

OB schon König Casimirs Abschied ihn in Ruhe setzte/ so stürtzte er doch Polen in nicht geringe Verwirrung. Es war kein Printz vom Vasischen Hause mehr übrig/ auff welchen man sein Absehen richten können. Die meisten Fürsten von Europa waren bemühet/ die Crone auff ihr Geschlecht zu bringen/ und ein ieder bearbeitete sich zum wenigsten seinem Feinde den Vortheil zu entreissen/ welchen er vor sich nicht behaupten kunte.

Stanislaus Prasmovvski, Ertzbischof von Gnesen u. Primas des Königreichs/ berieff die Stände auff den Anfang des Decembr. 1668. zum Reichs-Tage/ um in demselben unterschiedene Dinge in Ordnung zu bringen/ und der gewöhnlichen Freyheit während dem Interregno vorzubauen. Es gieng alles gantz friedlich zu/ und nach einigen Zwistigkeiten/ welche doch keine sonderbare Folgerungen hatten/ wurde der 2. Maj. 1669. zum Anfange des Wahl-Tages bestimmet.

Dieses Interregnum wurde durch die Ketzer keines weges verunruhiget/ wie bey den vorigen geschehen. Denn König Casimir hatte hierinn so gute Anstalt gemacht/ daß man nicht weniger seine Klugheit verwundern/ als Gottesfurcht rühmen muß. Denn nachdem er die Unruhe/ welche sie unter seinen Vorfahren verursachet/ sattsam betrachtet/ schaffte er solche gebührlichst ab/ ohne seinen Unterthanen Gelegenheit zu geben/ sich wegen Verletzung der Gesetze zu beklagen. Die Socinianer/ welche man besser vor Epicurische Welt-Weisen/ als Christen halten soll/ hatte er gleichfals aus dem Königreiche verjaget. Die andere Secten wurden mit solcher Verachtung angesehen/ daß diejenigen/ welche denselben zugethan/ alle davon abtraten; theils wegen Reue und Scham ihres Irrthums/ theils wegen Hinderniß an ihrem Glück/ welches sie gleichsam

sam vor eine Gottheit ehreten. Die Hof-Leute/ so denselben am
meisten ergeben/ sahen wohl/ daß sie bey so gestalten Sachen des Königs Gunst nimmer erhalten würden/ ob sie sich gleich noch so sehr
darnach bemüheten; derohalben faßten sie auch endlich den Entschluß die Catholische Religion anzunehmen. Denn der König hatte von Anfang seiner Regierung her keinem einigen Protestanten
eine Ehren-Stelle gegeben/ sondern allemahl die eiferigsten Catholicken damit begnadiget. Weil nun der Senat durch dieses Königs
Weißheit den Gesetzen der Kirche unterworffen/ als fiele es nachgehends leichte/ auch die Einigkeit als eine Schwester der wahren Religion zu dessen Beherrscherin zu machen.

Diese gottesfürchtige Aufführung war vielleicht die Ursache/
daß bey gegenwärtiger Erwehlung sich keine Ketzerische Fürsten ein-
funden. Denn weil sie keinen Schutz mehr unter den Senatoren
antraffen/ hielten sie ihre Ansuchungen vor vergeblich. Der einige Hertzog von Moscau betrachtete solches nicht/ sondern suchte seine
gewöhnliche Kunst-Griffe hervor/ welche ihm aber eben so glücklich/
als bey den vorigen Wahl-Tagen ausschlugen. Dieser Fürst suchte die Crone vor seinen ältisten Sohn/ weil er ihn nicht geschickt genug Moscau zu regieren/ achtete. Am Ende des 1668. Jahres schickte er einen Residenten nach Warschau/ so dem Senat einen Brief
übergab/ durch welchen er der Republic anzeigete/ daß so sie ihm etwas zu berichten/ möchte sie sich nur zu den Senatoren seines Königs-
reichs wenden/ durch welche er seine Meynung ihr hinwieder entde-
cken wolte. Er hatte eine Armee von 80000. Mann an den Lithauischen Gräntzen stehen/ welche auff allen Fall/ wenn man ihn
wie sein unzeitiger Hochmuth verdienet/ ausschließen wolte/ das Königreich mit den Waffen erobern solte.

Den Lithauische Adel stunde in grosser Furcht wegen dieses
Fürsten Rüstungen; weil ihnen nun die Macht nicht geben
[...] sie eine Zeit brauchen/ bezeugten dennach ihre Willfährig[keit]
Anbietung ihrer Dienste. Er war so einfältig/ daß er diese Leu-

Leuten Glauben beymaße/ ob schon nichts als Schrecken sie genöthi=
get/ sich seine Ergebene zu nennen.

Weil nun der erste Versuch so wohl gerathen/ als konte der
Herßog/ welcher selbst sich zu betriegen bemühet war/ nicht unterlaß=
sen/ neue Hoffnung zu schöpffen. Er ließe denen Polen durch sei=
nem Agenten sagen/ daß er gesinnet Kiau, wie im Friedens=Schluß
versprochen/ der Republic wieder abzutreten. Er schlug seinen
Sohn zum Könige vor/ mit Erbieten/ 20000. Mann zum Dienste
der Republic zu unterhalten. Uber dieses wolte er auch dem Kö=
nigreiche zehen Millionen Gold verehren/ und alle Pläße/ so von der
Crone dependirten/ wieder abtreten.

Die Hßauer und Casimirus Pats, Groß=Cantzler dieses
Herßagthums/ fürchten sich vielmehr vor seinem mächtigen Kriegs=
Heer/ als sie auff die gute Worte traueten. Doch gewonnen sie die
Zeit durch Paßens Geschickligkeit/ welcher dem Agenten zur Ant=
wort gabe/ daß er nur eine einige Schwürigkeit/ so den guten Willen
der Polen auffhalten könne/ vorhersehe. Das Anerbieten ihrer
Czarischen Majestät wäre viel zu vortheilhafftig/ daß man es aus=
schlagen solte/ sondern der Unterscheid der Religion sey das einßige
Hinderniß/ so zu überwinden.

Der Czar ließe alsobald seine Patriarchen versammlen/ wel=
che nach Art der Hof=Leute dieses Fürsten Ehr=Geiß schmeichelten/
und ihm solche Rathschläge ertheilten/ deren Absicht mit den Regeln
der wahren Tugend nicht übereinstimmete. Sie versicherten ihn/
daß sein Prinß ohne Verlust der Seligkeit die Catholische Religion
annehmen könne/ weil er durch diese Glaubens=Veränderung/ so
wohl der Griechischen als Lateinischen Kirche treffliche Dienste leisten
könne. Judem er ihre Macht wider den allgemeinen Erb=Feind
der Christen hiedurch vereinbaren würde.

Jnzwischen gewonne der Lithauische Adel Zeit/ und die Mosco=
viter thäten ihnen nicht den geringsten Schaden; der Czar ließ
auch ausgeschiedenen Sold austheilen/ und tröstete sie gleichsam hie=
durch wegen empfundenen Schreckens.

Dieser

Dieser Dienst/ welcher der Cantzler Pat dem Königreiche erwiesen/ machte diesem Minister nachgehends nicht wenig Verdrießligkeit. Denn der Nuntius beschuldigte ihn beym Wahl-Tage/ daß er heimliche Factiones angestifftet; weil aber der Kläger keinen Beweiß vorbringen kunte/ wurde Pats losgesprochen/ auch dem Nuntio die Straffe erlassen/ weil man so wohl des einen guten Meynung/ als des andern Dienste ansehen muste. Wenn vorzeiten der Römische Rath/ oder Areopagus zu Athen dergleichen Urtheil gefället/ würden solches die Geschicht-Schreiber nicht genugsam zu rühmen wissen.

Als man inzwischen den Caut solcher gestalt herum führete/ verursachte man Unruhe unter seinen Nachbarn. Die Türcken/ Tartarn und Cosacken stunden in Furcht wegen seiner Erwehlung. Schweden furchte sich wegen Liefflands/ welches er allbereit vor verlohren hielte/ wenn Polen und Moscau ihre Macht solches einzunehmen zusammen schlügen.

Der Päbliche Nuntius erschrack nicht weniger als die andern/ wie er von dieser Handlung reden hörte/ er bezeugte sein Mißfallen darüber gegen einige Herren/ welche es aber noch nicht vor rathsam hielten/ ihn auff andere Gedancken zu bringen; Einige versicherten ihn inzwischen/ daß die Polen gut Catholisch wären/ und baten ihn zu gläuben/ daß die Staats-Klugheit aus den mitternächtigen Reichen noch nicht verbannet.

Derjenige müste sehr unverständig gewesen seyn/ welcher nicht mercken wollen/ daß man Moscau mit einem höflichen Korbe abweisen würde/ wenn man sich nicht mehr vor ihm zu fürchten. Es hielte aber nicht allein die Crone an; man wolte auch einigen Vortheil von denen andern ziehen/ welcher aber so groß nicht seyn kunte/ als die Eigennützichen wohl gewünschet.

Der Hertzog von Neuburg liesse es auff seiner Seiten Sollicitiren nicht ermangeln. Er war verständig und erfahren/ seine in Teutschland berühmte Klugheit war den Polen gleichfalls unbekandt. Wenn er den Groß-Hertzog von Moscau nur allein

〈…〉 Buhler gehabt/ hätte er vielleicht wegen seiner ungemeinen Qualitäten größere Hoffnung schöpffen dürffen. Allein
er war ein Teutscher/ welche Nation den Polen nicht allzu ange-
nehm/ und wenn ihn der Käyser vorgeschlagen/ hätte man solches vor
ein〈…〉 Hinderniß seines Glücks gehalten. Schweden bemühete sich von ihm/ aber nicht mit rechtem Ernst/ denn es dieser Crone
g〈…〉lug/ wann sie nur die Erwehlung des Moscoviters hintertreiben
〈…〉

〈…〉Als nun der Käyserliche Abgesandte öffentlich vor den Hertzog
〈…〉 burg redete/ empfieng er geheime Ordre von seinem Prin-
〈…〉 die〈…〉 Competenten Parti anzunehmen/ vor welchem
〈…〉 am meisten zu fürchten. Uber diß war seine Familie allzu
〈…〉 und Polen hatte nicht nöthig einen König zu erwehlen/ welcher
so viel Kinder versorgen müste. Alle diese Ursachen machten/ daß
man 〈…〉 sonderlich auff ihn sahe. Weil er aber stetig Geld aus-
theilen ließe/ so funden sich allemahl noch einige/ welche seine Parti
zu halten und ihm〈…〉 Hoffnung zu machen bemühet waren/ so bald
sich aber seine Freygebigkeit endigte/ nahm auch der Anhang seinen
Abtritt.

Carolus von Lothringen kam gleichfals mit in die Ordnung/
und thate dem Hertzog von Neuburg nicht geringen Schaden.
Man sagt/ daß etliche Fürsten aus Furcht vor diesem gefährlichen
Competenten um die Crone nicht ansuchen wollen. So wohl
Freunde als Feinde musten dessen unvergleichliche Tugenden ver-
wundern. Er war sieben und zwantzig Jahr alt/ aber noch unver-
heyrathet/ und könte also eine ziemliche vortheilhaffte Verbindung
vor Polen stifften. Er war von allen seinen Ländern vertrieben;
doch ist wohl dieses vor sein höchstes Unglück zu schätzen / daß man
seinem Vetter Carolo, welcher vor ihn redete / nicht glauben
wolte. Als er den Polen viel von seinem großen Reichthum ver-
schwatzete/ und sie überreden wolte/ daß der Hertzog an baarem Gel-
de der reicheste Fürst von gantz Europa sey; gab man ihm nur dieses
zur Antwort/ daß es ihm als einem kriegerischen Herrn/ besser anste-

hen

den würde/ sothanes Geld zu Wiedereinnehmung seiner Lande an-
zuwenden/ als sich um die Polnische Crone zu bewerben.

Die vielen Agenten/ so diese zwey Fürsten an unterschiedenen
Orten des Königreichs hielten/ kunten ihre Affairen dennoch nicht
befördern. Zu Warschau ertappte man einen Irländischen Mönch/
so sich vor einen Cavalier verkleidet/ und allenthalben Anhang suchte; welches man vor kein Fürstliches Beginnen halten wolte. Pater Richard ein Jesuite/ des Hertzogs von Lothringen Beicht-Va-
ter/ welcher auch endlich in Polen ankommen/ handelte so öffentlich
vor seinen Herrn/ daß er wegen seines allzugrossen Eifers/ fast gar
nichts ausrichtete. Denn niemand wolte mit ihm alleine seyn/
weil man solche gemeiniglich vor Aufrührische hielte. Es funde
sich auch der dritte Agente ein/ welcher seines Principalen Interresse
noch schlimmer als die zwey vorigen beobachtete/ er hatte sich anfangs
unter einem falschen Rahmen verstellet/ aber der Primas schaffte ihn
bald wieder fort. Am Wahl-Tage funde er sich wiederum ein/ weil
er aber daselbst einen gewissen Handelsmann schimpflich tractiret/
bedrohete ihn der Marschall des Wahltages straffen zu lassen. Man
machte sich eine schlechte Einbildung von einem Fürsten/ dessen Minister mit einem solchen Schimpff beleget worden.

Der Wahl-Tag nahete inzwischen heran/ die Grossen des Königreichs zogen mit einem solchen ansehnlichem Gefolge der aus-
erlesensten Leute an/ daß sie sich mächtig genug schätzeten/ die Moscoviter abzutreiben / wenn sie sich ins Königreich zu gehen/ und die
Wahl zu stören/ unterstehen würden. Allein dieses war keines weges des Czaren Vorhaben; er verliesse sich auff der Lithauer Ver-
sprechungen/ und glaubte nicht/ daß ihm die Polen die Crone abschla-
gen können/ weil er darum angehalten.

Die ersten Tage wurden mit unnützen Contestationen zuge-
bracht/ und den Tag Potoski zum Marschal des Wahl-Tages
erwehlet/ weil Lubomirski des verstorbenen Groß-Marschalls
Sohn die Ehren-Stelle ausgeschlagen. Dieser Herr wolte aber
solche aus gewissen Ursachen nicht annehmen/ weil er noch zu solici-
tiren

tiren hatte/ um das Gedächtniß seines Vaters/ welcher unter der
Regierung Casimiri durch ein öffentlich Decret verunehret wor-
den/ wieder zu rehabilitiren/ und daß diese Stelle ihn versichern kon-
te/ daß man ihm in allem gratificiret. Durch diese Großmüthigkeit erlangte er die Gnade/ welche ihm die Gerichte sonsten vielleicht
versaget hätten.

Es waren nicht mehr denn zwey Competenten der Crone:
denn man rechnete den Moscoviter nicht darunter/ weil man sich
weiter vor ihm nichts zu befürchten/ und er auch aus einem besondern
Hochmuth nicht einmahl Abgesandten an die Republic geschicket.
Die zwey übrige Competenten hatten den Adel zertheilet/ welcher
sich zu solchen Extremitäten verleiten lassen/ daß man fast alle Nacht
etliche zwantzig Entleibte in den Strassen funde: Der Marschall
oder Director des Wahl-Tages wendete allen müglichen Fleiß an/
dieser Unordnung abzuhelffen; das eintzige Mittel solche zu verhindern war/ daß man unverzüglich zur Wahl schritte; allein die Gemüther waren nicht genugsam gereiniget / und keiner wolte nach-
geben.

Im Junio wurde denen Abgesandten allererst Audientz er-
theilet. Der Päbstl. Nuntius, welcher sich noch nicht völlig von dem
Schrecken/ so ihm die Moscovitische Prætension verursachet/ erholet
hatte/ hielte den 4ten Junii seine Rede in Lateinischer Sprache. Er er-
mahnte die Stände einen gebohrnen Catholischen Fürsten zum Könige
zu erwehlen/ welcher weder den Schismaticis noch Ketzern zugethan.
Den siebenden hatte Graf Schaffgots Audientz/ und recommendirte im Namen des Käysers den Hertzog von Neuburg/ worüber
sich viele verwunderten/ als welche dieser Minister dem Hertzog von
Lothringen ihre Stimmen zu geben/ gebeten hatte. Der Staats-
Rath von Wien wolte hiedurch beyden Printzen genug thun / und es
hätte vielleicht nicht wohl ablauffen können/ wenn man beyde vor
den Kopff stossen wollen.

Den 12. wurde des Hertzogs von Neuburg Ambassadeur,
zur Audientz geführet/ und versprach im Nahmen seines Princi-
pen/

ſen/ vier tauſend Mann zum Dienſt des Staats zu unterhalten/drey
Feſtungen auff den Polniſchen Gräntzen auffzubauen / und in
Teutſchland ein Collegium vor die Polniſche Nation auffzurich-
ten. Der Printz von Leuxin/ welcher nach dieſem Audientz er-
hielte/ thäte faſt eben dergleichen Vorſchläge im Nahmen des Hertzogs von Lothringen vor ſeinen Vetter. Wenn dieſe Fürſten nicht
ſo groſſe Verſprechungen gethan/ hätte man die Ausübung vor leichter gehalten ; Der Abt Riqvet, welcher das Wort vor den Printz
von Lothringen geführet/ fügte auch noch hinzu / daß ſein Principal
bereit ſey die Crone vor ſeinemRivalen durch einen Zweykampf zu be-
haupten/ damit er ſolche durch die honorableſteWege erhielte/ weil
des einen Hochmuth richtete ſo wenig aus / als des andern Verheiſſungen.

Der Adel wurde ungedultig/ daß ſich der Wahl-Tag ſo lange
verſchobe/ und murmelte allenthalben ; es wäre auch bey den bloſſen
Betrohungen nicht geblieben/ wenn Opalinski, Wäywode von
Kaliſch den Aufſtand nicht geſtillet. Denn er zeigte ihm/ daß es
eine Unſinnigkeit wäre/ ſich wegen des Intereſſe eines Printzen er-
morden wollen/welchen man niemahls geſehen. So wäre auch am
beſten/ daß man wegen der Ungewißheit/ welcher von beyden die O-
berhand behalten würde/ beyde Fürſten gehen laſſe/ welche ohne das
wegen ihrer Geburt und Verbindung mit dem Oeſterreichiſchen
Hauſe (ſo Polen einsmahls vielleicht eben ſo ſchädlich als den König-
reichen Hungarn und Böheim ſeyn können) von der Crone auszu-
ſchlieſſen. Aber ohne ſo bey denen Ausländern auffzuhalten/ ſagte
eben dieſer Wäywode/ laßt wir nur betrachten/ das was ſich bey
uns von Anfang der Monarchie zugetragen : Das Königreich
wurde/ wie anietzo/ zertheilet/ der Wahl-Tag zerriſſen/ und man em-
pfunde/ daß das Unglück/ welches der Republic getrohet ward/
nicht in den Wind zu ſchlagen. Man ſchriebe einen andern Wahl-
Tag aus/ und vertraute einem Piaſten den Polniſchen Reichs-Stab.
Der erwehlte König/ welcher ohne ſonderlichen Reichthum und Geburt war/ regierte das Königreich ſo weißlich/ daß ſein Tod/ ob er
ſchon

ſchon hundert und zwantzig Jahr alt worden/ der Rebublic ziemlich
empfindlich fiele. Dergleichen Vorſichtigkeit brauchten unſere
Vorfahren wider den Ehrgeitz/ Neid und Geitz derjenigen / welche
nach der Crone ſtrebeten ; Laſſet uns demnach ihrem Exempel
nachfolgen/ und dem Hertzog von Neuburg die Regierung ſeines
kleinen Ländtgens und volckreichen Familie vergönen; der Hertzog
von Lothringen aber kan ſeine Schätze zur Eroberung ſeiner Staate
anwenden. Laſſet uns einen Piaſten erwehlen/ und die Worte des
Propheten reifflich überlegen: Admitte ad te alienigenam, &
ſubvertet te. Erwehlet einen Ausländer/ ſo euch ins Verderben
ſtürtzen könne.

Durch dieſe Rede wurden die Gemüther wiederum beſänftti-
get; weil aber ein hefftiges Donner-Wetter einfiele/ wurde die Verſammlung genöthiget/ von einander zu ſcheiden/ doch mit dieſem Ent-
ſchluß/ des andern Tages einem düchtigen Subjecto die Crone zu
ſchencken. Der Adel ware auch würcklich nicht wenig ungehalten/
daß er ſo lange auf ein Ober-Haupt warten müſſen; das Geld war
alle/ uñ die Miniſter der zweyen Prætendenten wolten vor geſchehe-
ner Wahl auch keines auszahlen / weil ſie vielleicht ſelbſt Mangel
daran/ oder die neuen Wechſel-Briefe noch nicht bekommen hatten.

Der Wäywode von Kaliſch hatte ſchon einen allzu guten Anfang gemachet/ daß ers dabey ſollen bewenden laſſen; er glaubte/ daß
es nicht genug ſey/ den Adel auff eines Polniſchen Edelmanns Seite gebracht zu haben/ ſondern er bemühete ſich einen ſolchen auff den
Trohn zu erheben/ welcher ihm wegen dieſer Ehre verpflichtet ſeyn
müſte. Der Wäywode von Poſen begleitete ihn / ſie giengen
mit einander/ Wiesnovviski in ſeinem Gezelt zu beſuchen / man
ſagte ihnen aber/ daß er zu Warſchau wäre; ſie wurden ſeiner Ca-
roſſe an der Capuciner-Kirche gewahr/ wie ſie ihn nun darinn ange-
troffen/ ſagten ſie ihm/ daß man einen König erwehlen wolte / baten
zugleich/ daß er mit ſie kommen möchte; nach einer kleinen Verwi-

ſ   gerung

gerung begleitete er fie/ nicht wiffende/ was ihm das Glück vorbehalten.

Diefe drey Herren kamen den 19. wieder auff den Wahl-Tag. Die Partifanen des Herßogs von Neuburg und Fürften von Lothringen erbitterten fich dergeftalt/ daß man in Furcht ftunde/ fie mögten gar mit den Waffen zufammen kommen. Die Wäywoden von Kalifch und Pofen nahmen daher Gelegenheit / einen Polen vorzufchlagen/ wie der erfte fchon des vorigen Tages gethan/ und nenneten zugleich Wiesnovviski. Das vornehme Gefchlecht diefes Herren/ welchen fie vorfchlugen/ machte/ daß man fie anhörete/ und das Gedächtniß des Jagellonifchen Haufes/ welches die Polen fo hoch fchätzen/ truge nicht wenig zu des Adels Entfchluß vor diefen Competenten/ bey.

Wiesnovviski war zwar nicht aus diefem Haufe / welches durch den Todt Sigismundi Augufti ausgelefchet; allein er ftammete von Koryburh Uladislai Jagellons Vetter her/ welcher Lithauen mit Polen vereiniget und fich zum Chriftlichen Glauben bekehret. Diefe Betrachtung billigte die Wahl/ fo man an feiner Perfon gethan/ auch die Partifanen des Herßogs von Lothringen und Neuburg felbften waren damit zufrieden/ indem fie vor das Geld/ fo fie von diefem Fürften bekommen/ fchon genug gearbeitet zu haben/ vermeynten.

Wiesnovviski erfchracke mehr als die andern/ wie er fich nennen hörte; feine Verwunderung war aber noch weit gröffer / als man ihn wider feinen Willen mitten in die Verfammlung ftellte/ und die Crone anzunehmen/ nöthigte. Er fieng an zu weinen / und beteurte/ daß er fich nicht capabel fchätzte/ eine folche fchwere Laft zu tragen: Ich glaube daß er vielleicht nie ein folch auffrichtig Bekäntniß abgeleget.

Die Bifchoff von Beziers, Franßöfifcher Abgefandter/ ward befchuldiget/ er habe den Wäywoden von Kalifch zu der injuriofen Rede/ fo er wider die Teutfchen und Oefterreicher gehalten/ verleitet. Die Agenten und Partifanen der Herßoge von Lothringen und

Neu-

Neuburg/ deren Anschläge in so kurtzer Zeit zu Wasser worden/ im-
putirten das Unglück ihrer Fürsten gleichfals dieses Prælaten guter
Auffführung; wie er nun von ioderman vor einen geschickten Mann
gehalten wurde/ als glaubte man leichte/ was diese von ihm sagen
wolten.

Die übrige Wäywodschafften folgten dieser beyden Exempel/
und ertheilten Wiesnovviski sämtlich ihre Stimen; die Hertzoge
von Lothringen und Neuburg wurden von ihren besten Partisanen
verlassen. Die Lithauer/ welche sich nicht entschließen konten/ einen
König anzunehmen/ welchen sie nicht zu erst genennet/ schlugen andere vor. Der Zorn und Halßstarrigkeit sind zwey gefährliche und
schädliche Laster/ wenn sie durch die Macht nicht vergesellschafftet
sind. Ein Edelmann/ welcher etwas hitziger als die andern gere-
det/ wurde darnieder gesäbelt/ wodurch die übrigen genöthiget wur-
den/ in dasjenige zu willigen/ welches sie doch nicht verhindern
könten.

· Der Primas hatte sich auffs Schloß retiriret/ indem er in diese Wahl/ welche ihm allzu gewaltsam vorkame/ nicht einwilligen
wollen. Der Adel drohete ihn zu zwingen: Die Senatores baten
ihn in die Versammlung zu kommen/ als nun ieder seine Stimme
von sich geben/ so ernennte der Ertz-Bischoff Wiesnovviski nach
Gewohnheit zum Könige/ und führte ihn in die S. Johannis-Kir-
che/ allwo er ihm den Segen und das H. Sacrament mittheilte.
Den 19. Septembr. eben am S. Michaelis-Feste wurde er mit eben
den Ceremonien als seine Vorfahren/ gecrönet.

Auf solche Weise wurde Michael Korybuth Wiesnovviski
zum Könige in Polen erwehlet/ ob er schon bißher keine sonderl. Thatt
verrichtet/ die ihn dessen würdig machen können/ und nach dem Ver-
lust/ welchen sein Vater durch den Einfall der Tartarn und Auff-
stand der Cosacken in Reussen erlitten / nur von einer geringen Pen-
sion/ so ihm von König Casimir und Maria de Gonzaga seiner
Gemahlin zuerkennet worden/ leben muste. Diejenigen/ welche ihn
erwehlet / erkenneten allzu langsam / daß dasjenige/ so mit allzu

großer

großer Ubereilung geschiehet/ selten einen guten Ausgang ge-
winnet.

Das Königreich ist nie in einem solchen elenden Zustande gewesen/
als unter seiner Regierung. Die Verheerung Podoliens, wie auch
Eroberung der Stadt Caminieck von den Türcken / und der
schimpffliche Friede/ welcher mit der Pforte/ unter Bedingung eines Tributs geschlossen worden/ wurde insgesamt dieses Fürsten
Unglücke zugeschrieben/ dessen schwacher und zur Regierung unge-
schickter Geist zu allen Unheil/ so den Untergang des Staats bedro-
het/ Gelegenheit gegeben. Allein der Tod dieses Fürsten schiene
das Königreich von aller Gefahr/ worein es sein Unglück gestürtzet/
zu befreyen. Er starb 1673. den 10. Novembr. im dreyßigsten
Jahr seines Alters an einem Lungen-Flusse/ und hinterließe die Polen in weniger Betrübniß wegen seines Todes/ als Scham ihn zu ihrem Könige erwehlet zu haben.

Dieser Fürst hatte noch vor seinem Ende die Freude einen A-
ga des Groß-Sultans zu sehen/ welcher den Tribut einzufodern
kame/ und ihn im Nahmen seines Principalen einen Marschalls-
Stab nebst einer Weste überbrachte/ zu Bezeugung/ daß er durch
den unglücklich geschlossenen Frieden ein Vasall der Pforte worden
wäre.

Die Polen nahmen aber bald Rache wegen empfangnen
Schimpffs von diesen Barbaren; sie wuschen solchen Mackel mit
dem Blute ihrer grausamen Feinde/ und schlugen bey Kozcin ihre
völlige Armee, durch der Moldauer und Walacher Verrätherey/
welche Völcker sich allezeit durch ihre Untreue berühmt gemacht.
Sie kam aber den Polen bey dieser Gelegenheit wohl zu Nutzen;
sie hatten keine Lebensmittel mehr/und litten an allen Kriegs-Zugehö-
rungen/ außer der Tapfferkeit/ großen Mangel. Hussain Bassa,
der eben so ungeschickt als hochmuthig war/ commandirte die Türckische Armee. Der Hospodar von Moldau war mit seinen
Trouppen dazu gestoßen/ sie schienen aber nicht so schöne und volckreich
als dieser Barbar begehret hatte. Er beschwerte sich deshalben gegen

gen diesen Fürsten/ und verwundet ihn aus allzu großen Zorn/ welcher ästen beyden theur ankame/ mit einer Axt am Haupte. Nach
einem so schimpfflichen Tractament gedachte dieser auff nichts als
Rache/ welche denen Türcken um so viel desto schädlicher ware/als ge-
schicklich er seinen Zorn verbergen konte. Die Walachen nahmen
sich dieses Schimpffs ja so sehr als die Moldauer selbsten an: Sie
machten beyde Sobieski den Eingang in der Feinde Lager leichte/
traten zu den Polen/ und fochten so tapffer/ daß ihnen der Sieg guten Theils zuzuschreiben. Hussains Niederlage wurde durch sein
Unglück und Tod begleitet/ welches den Moldauer/ wegen des ihm
erzeigten Schimpffs/ auch vielleicht wegen Verlusts seiner Lande/
daraus ihn die Türken trieben/ tröstete. Diese Schlacht wurde e-
ben denselben Tag angehoben/ als der König verstorbe. Des andern Tages wurde der Sieg erhalten/welcher die Türcken in großes
Schrecken setzte/ und denen Polen einen König gabe.

Diese Niederlage bekräfftigte das Urtheil/ das von den Polen
gefället wird/ daß sie nehmlich wohl eine Schlacht gewinnen können/
aber des Sieges sich nicht zu gebrauchen wissen.

Erwehlung Johannis Sobieski, des Cron-Groß-Feld-Herrn.

Je Zeitung eines so unverhofften Sieges verursachte große
Veränderung. Der Türckische Aga und Schatz-Mei-
ster/ so den Tribut einzufodern kommen/ erzeigten sich nicht
mehr so hochmüthig: man verwiese sie biß auff den Wahl-Tag/ wie
aber die Antwort weit anders fiele/ als ihres Principalen Ansuchen/
war/ baten sie dem Primatem ihnen einen Schein zu ertheilen/ daß
König Michael verstorben/ ehe sie ihre Commission verrichten
können.

Wie nun der Senat zusammen kommen/ befohle er Lustbarkeiten
vorzunehmen/ und die Traur wegen des verstorbenen Königs abzu-
legen.

legen. Der Præliminar-Reichs-Tag wurde auff den 15. Januar.
1674. angeseßet. Man war gesinnet/ solchen binnen 14. Tagen zu
endigen/ allein die Streitigkeiten/ so bey dergleichen Versammlun=
gen vorzugehen pflegen/ und die Begierde/ welche iederman hatte/ den
Groß-Feld-Herrn Sobieski gegenwärtig dabey zu sehen/ machten/
daß solcher biß in die Nacht des 22. biß 23. Februar. verlängert wur=
de. Es wurde aber auff demselben keine Sache in Richtigkeit ge=
bracht/ als was der Königin Leib-Gedinge anbelanget/ welcher Po=
len jährlich zweyhundert und funfzig tausend Gülden/ und Lithau=
en hundert tausend Einkommens versprache. Aber die Länder
wurden nicht benennet/ woraus sie solches Geld heben solte; dahero
diese Freygebigkeit dem Staat mehr Ruhm/ als der Königin Nutzen
brachte.

Der Wahl-Tag fieng sich den 20. April an. Der Compe=
tenten war eine große Anzahl/ alle ihre Propositiones wurden an=
gehöret/ und keinem eine abschlägige Antwort gegeben. Auch der
Czaar selbsten/ dessen man im vorigen Wahl-Tage nur gespottet/
hatte bey diesem noch Hoffnung; sein Envoyé begehrte die Crone
vor den jüngsten Sohn seines Principalen/ welcher nur 13. biß 14.
Jahr alt; man verwunderte sich/ daß er durch so viel Körbe nicht
noch mehr erzörnet worden. Er ließe zwar keine sonderliche Vor=
schläge thun/ wie bey den vorigen Wahlen geschehen/ doch enthielte
er sich gleichfals auch der Betrohungen/ welche man noch weniger
würde geachtet haben/ weil anietzo das Königreich im besserm Zustan=
de war.

Der Fürst von Siebenbürgen versprache 15. Millionen Geld/
wie auch sein Fürstenthum mit der Crone zu vereinigen/ und so lange
der Türcken-Krieg währete/ funffzehen tausend Mann zu unterhal=
ten. Der Vorschlag war allzu groß/ um die Polen zu versichern/
daß er solchen halten könte. Denn sie wusten wohl/ daß sie den grö=
ßen Schatz aus Siebenbürgen gezogen/ als sie Stephanum Battori
zum Könige erwehlet.

Der

Der Chur-Fürst von Brandenburg bekam etwas Hoffnung vor seinen Erb-Printzen/ welcher/ so bald er würde erwehlet seyn/ die Religion zu ändern versprache. Allein dasjenige/so bey den andern Wahlen sich wegen der Teutschen und Ketzer zugetragen/ machte seine große Gedancken bald zunichte. Wann dieser Fürst ein Catholick gewesen oder worden wäre/ so könte seine Familie rechtmäßige Prætenfion auff die Crone machen/und die Vereinigung Preussens mit Polen ihm den Weg ein viel grösserer Herr als er ietzo ist/zu werden/ bahnen.

Die Hertzoge von Modena und Parma hatten gleichfalls ihre Envoyés gesendet; man meynte sie würden um die Crone anhalten/ aber sie gedachten nicht daran. Denn diese Minister waren nur kommen wegen des Königes Tod/ und der bey Choczin erhaltenen Schlacht zu complimentiren/ vermehrten also die Anzahl der Competenten nicht.

Dom Pedro Ronquillos kam aus Spanien/ nahm aber den Titul eines Ambassadeurs nicht an. Denn diese Crone wolte den Schimpff/ so Dom Pedro Faffardo, dessen wir oben gedacht/ vor hundert Jahren empfangen/anietzo vermeiden. Ronquillos solte Carolum vom Lothringen recommendiren/ nachdem er zuvor allen seinen Fleiß vor Dom Juan d' Autriche angewendet. Allein diese Sache hatte einen schlechten Fortgang/ und der Rath von Spanien funde ein ander Mittel sich dieses Fürstens zu entledigen.

Printz Georgius, des Königs von Dänemarck Bruder/ kam auch mit in die Ordnung/ er versprache drey Millionen/ nebst Versicherung/ wofern man ihm die Crone geben wolte/ sechs tausend Pferde zum Dienst der Republic zu unterhalten. Allein Schweden stieße diese Wahl um; sein Interesse konte nicht leiden/ daß eine so genaue Verbindung zwischen Polen und Dänemarck gestifftet würde; Denn solche den Verlust der in diesem letztern Königreich den Schweden gemachten Conqueten gewißlich nach sich ziehen müste.

Der

Der Käyser versprache Prinz Georgio seinen mächtigen Beystand/ und gab zum wenigsten gute Worte/damit er diesen Prinzen in die Allianz/ welche so viel Fürsten wider Franckreich gemachet/ mit einflechten mögte. Der Wäywode von Culm præsentirte der verwittibten Königin von Polen die Bildnisse des Prinzen Georgii und Caroli, welche aus Gefälligkeit vor ihren Bruder dem Röm. Käyser das erste vor das annehmliche erkannte / und die Gedancken ihres Hertzens/ so sie dem Prinz von Lothringen geschencket/verstelte.

Der Käyser wolte PrinzGeorgio noch andre Zeugnisse seiner Feundschafft geben/welche aber so wenig Auffrichtigkeit als die vorige in sich führten. Er liesse bey ihrer Heiligkeit durch die Cardinäle Nitard, Landgraff/ und Pio, Dispensation vor die Polen bitten/daß sie einen Ketzerischen König erwehlen dürfften / und Vergünstigung vor seine Schwester sich mit solchem zu vermählen/versprach zugleich/ daß dieser Fürst die Catholische Lehre annehmen solte: Der Hof-Rath zu Wien wuste wohl/ daß man diese Dispensation nimmer erhalten würde; allein es ware genug/ wenn der König von Dänemarck sich vor diese falsche Bemühung verbunden erkennte.

Der Prinz von Dänemarck ware noch nicht der gefährlichste Rival des Prinzen von Lothringen. Denn die Religion verhinderte ihm auff den Trohn zu steigen/und sein Ehrgeitz gab ihm auch solche hohe Gedancken nicht ein. Die übrige Competenten fürchteten ihn auch nicht/ und niemand hätte die wenige Estim, welche sie von ihm machten/gebilliget/wenn sein übriges Leben mit ihrer Meynung nicht überein kommen. Die Engeländer nebst dem ganzen Europa können heutiges Tages Zeugniß davon geben.

Ein Frantzösischer Prinz/ von welchem man redete/ohne dessen Nahmen zu nennen/ setzte die andern Prætendenten in weit grössere Unruhe: Die Armée verlangte ihn/ und als der Adel die Qualitäten/ welche der zukünfftige König haben muste/ vortruge/ fiel der einhellige Schluß/ daß Franckreich allein einen solchen geben könne.

Diejenigen so um die Crone anhielten/ hatten sich vor glückselig

zu

schätzen/ daß dieser Printz sich nicht unter ihrer Ordnung befunde. Der Hertzog von Neuburg setzte die Prætensiones, welche ihn bey voriger Wahl so übel geglücket/anietzo fort: Er verlangte die Crone nicht vor sich/ sondern vor Printz Philippum seinen ältesten Sohn/ welchen er den Polen angenehmer zu seyn vermeynte/ weil sie zugleich einen König und Gemahl vor ihre verwittibte Königin erwehlen wolten/ um dadurch nicht so wohl der Hochachtung/ so sie vor diese Printzeßigen trugen genug zu thun/ als die Republic von den nöthigen Unkosten/ so zu ihrer Unterhaltung erfordert wurde/ zu befreyen. Dieser Fürst thate eben diejenigen Vorschläge vor seinen Sohn/ welche er bey vorigen Wahl-Tage vor sich selbsten gethan.

Der Hertzog von Lothringen sparete auff seiner Seiten keinen Fleiß/ und die verwittbete Königin versetzte alle ihre Kleynodien um die Anzahl seiner Partisanen zu vermehren. Ein falsch Gerüchte/ zu welchen die Briefe von Rom Anlaß gegeben/ hätten bald diese gantze Affaire umgestossen. Man sprengete aus/ daß sich dieser Fürst mit der verwitbeten Käyserin vermählet; iederman wuste wie hoch er dieser Fürstin verpflichtet. Denn sie aus einer sonderbaren Großmüthigkeit ihn/ ob er schon von allen seinen Landen verjaget/ in Schutz genommen/ auch den Käyser dergestalt auff seine Seite gebracht/ daß er ihm keinen Frieden zu machen verhieße/ wenn Franckreich das abgenommene Lothringen ihme nicht wieder einräumete/ anietzo auch wolte er ihm eine Crone auff das Haupt setzen/ und seine Schwester vermählen/ damit er sich gleichsam mit Wohlthaten überschüttet befinden solte.

Diese Fürstin/ welche sonderliche Hochachtung vor den ihr bestimmten Bräutigam truge/bemühete sich/ das Gerüchte zu zerstreuen/ welches seine Neben-Buhler und Feinde von seiner Vermählung mit der Käyserin ausgesprenget: Sie brachte die Lithauer/ welche ihn verlassen zu haben schienen/ wiederum auff seine Seite/ indem dieser Adel/welchen sie iederzeit beschützet/ihr gäntzl. verbunden war.

Die Anzahl der Competenten wurde endlich biß auff dreye vermindert/ welche dreyerley Factiones verursacheten/ von denen

man

man sich böser Folgerungen befahrete. Die erste Parti waren die Lithauer; Pats, Groß-Cantzler und General der Lithauischen Armee hielte es mit der Königin und dem Hertzog von Lothringen. Man hatte gemercket/ daß dieser Herr/ als er mit Sobieski
Cron-Groß-Feld-Herrn im Lager bey Choczin von der Wahl
geredet/ und dieser letztere sagte/ man müste einen reichen/ tapffern
und jungen König erwehlen/ dieser auch noch hinzu gesetzet/ daß solcher noch unverheyrathet seyn müste. Dieses Wort gab zu verste-
hen/ daß ob man gleich den Frantzösischen Printzen oder Sobieski
vorschlagen wolte/ der Lithauische Adel doch schwerlich seine Einwilligung darein geben würde: indem solcher keinen König/ der allbereit verheyrathet/ haben wolte. Die andere Partie bestund aus
dem Polnischen Adel/ so aber nicht sonderlich mächtig / denn er sich
zertheilet/ und einige einen Piasten/ die andere aber den Hertzog von
Neuburg oder von Lothringen zu ihrem Regenten erwehlen wolten.
Die dritte Faction bestunde aus der Armee / welche vor den beyden
andern zu fürchten/ weil solche die Macht hatte/ so in den allerfreye-
sten Republiquen offt diejenigen zum Regiment erhoben/ welchem
sie beygestanden. Sobieski ließe sie öffentlich vor einen Frantzösischen
Printzen anhalten/ arbeitete aber heimlich vor sich selbsten.

Franckreich bemühete sich vor den Hertzog von Neuburg/ weil
solcher nicht so sehr als der Printz von Lothringen an dem Hause Oesterreich hienge/ welchem dieser letztere das wenige so er hatte zu dan-
cken/ und von welchem er sein gantzes Glück zu hoffen hatte. Wenn
der Frantzösische Printz/ davon wir oben gedacht/ sich deutlicher heraus gelassen/ hätte er wol den Vorzug vor einen andern davon getragen; sein einiger Name hintertrieb alles Vornehmen der Teutschen/
welchen ohne das die Polen nicht sonderlich geneigt waren/ und welche viel unnöthige Handlungen und Unkosten ersparen können/ wenn
sie nicht weiter an Polen gedacht. Allein ihre Vernunfft war durch
den Ehrgeitz gantz verblendet.

Die Polnischen Magnaten gelangten mit ihrem Gefolge einer nach dem andern beym Wahl-Tage an. Die zwey Feld-Herren

ven und einige andere hatten eine solche volckreiche Suite bey sich/ welche bey einem freyen Wahl-Tage in Polen ziemlich verdächtig schiene. Allein man konte Sobieski wegen der Cron geleisteten Dienste
nichts verbieten. Was nun diesem zu thun vergönnet/ maßeten sich
die Lithauer aus gleichem Recht an. Diese Herren hatten gar unterschiedene Meynungen. Sobieski suchte allem Ansehen nach die
Crone/ und Pats bemühete sich solches zu verhindern. Ein ieder hatte seinen ziemlichen Vorwand die Waffen zu ergreiffen. Der Hertzog von Lothringen stunde mit einer starcken Armee auff den Polnischen Gräntzen/ und war bereit seinem Anhang im Fall der Noth
beyzuspringen,

Die Lithauer/ als sie sahen/ daß Sobieski sich die Crone auffzusetzen gedachte/ unterließen nichts solches zu hintertreiben; sie bemüheten sich einen Piasten von der Crone auszuschließen/ und um
solches werckstellig zu machen/ erklärten sie diejenigen vor unehrlich/
welche sich ihnen wiedersetzten. Dieses kam der Nation dermaßen
unrechtmäßig vor/ daß die gantze Versammlung darwider protestir-
te/ und zwar mit solchem Eifer/ daß es unmöglich ohne Unordnung abgegangen/ wenn nicht des Groß-Schatzmeisters von
Lithauen und Marschall des Wahl-Tages Sapihæ Klugheit so viel
es möglich/ die Gemüther besänfftiget.

Franciscus Bonvisi, Ertz-Bischoff von Thessalonich und
Päbstlicher Nuntius wurde hierauff zur Audientz gelassen/ und bate die Versammlung im Nahmen ihrer Heiligkeit einen Catholischen
Fürsten zu erwehlen. Christophorus Graf von Schaffgots/
Käyserlicher Abgesandter/ recommendirte den Hertzog von Lothringen; und der Bischoff von Marsilien/ des Hertzogs von Neuburg
ältisten Sohn/ im Nahmen des Königs von Franckreich. Die Minister der zwey Competenten redeten vor ihre Principalen/ und
wiederholten fast eben die Propositiones, so sie bey vorigem Wahl-
Tage gethan.

Die unterschiedliche Factiones bemüheten gleicher Weise ihrer Herren Interesse zu befördern. Sobieski Anhang arbeitet

nur dem euserlichen Ansehen nach vor den Frantzöischen Printzen/
welchen man nicht nennte/ und erhielte eine ziemliche Anzahl Stimmen. Die andere Parti. welche nicht so starck / aber sehr beständig
war/ bemühete sich mit euserstem Fleiß vor die Königin und Hertzog
von Lothringen/welchen sie nicht verlassen wolte. Pats.Groß-Cantz-
ler von Lithauen/ nebst seinem Vetter dem Feld-Herrn waren die
Häupter dieser Parthey. Die Beständigkeit oder Halsstarrigkeit der
Obersten dieser Factionen/ machten/ daß man sich einer doppelten
Wahl befahrete. Die Wohlgesinnten stellten sich allbereit die Unord-
nungen vor/ so dergleichen Zwiespalt bey Erwehlung Königs Stephani und Sigismundi verursachet.

Diese Zwistigkeiten machten/ daß der Wahl-Tag biß auff den
19. Máy verschoben wurde/ und man konte solchen kaum in sieben
Tagen endigen. Der Senat sandte vier oder fünff Bischöffe an die
Königin/ welche sie versicherten/ daß die Republic ihr Interesse
nicht verlassen würde / und wenn ihre Majestät vom Hertzog von
Lothringen abstehen wolte/ hätten sie Befehl/ ihr den Fürsten von
Neuburg zu ihrem Gemahl anzubieten / welchem man mit diesem
Bedinge auch die Crone geben wolte. Die Königin bedanckte sich
auffs höfflichste / und weil sie den Hertzog von Lothringen nicht ver-
gessen konte/ gab sie ihnen zur Antwort/daß sie nicht glaubte / daß die
Erwehlung eines Königes allein auff ihnen beruhete / weil sie ihre
Freunde noch nicht verlassen.

Wie sie nun sahen/ daß die Königin ihren Entschluß nicht ändern wolte/ giengen sie zum Groß-Cantzler von Lithauen/ welcher
aber noch eben so beständig die Lothringische Parti zu beschützen sich
erkläret/ als er von Anfange gethan. Sie konten sich nicht enthalten seinen Eifer vor die Königin/ welcher er sehr verpflichtet / zu loben.

Die folgende Tage fande sich der gantze Polnische und Lithani-
sche Adel bey der Versamlung ein/und ware entschlossen/ieder seinen
Fürsten/ dessen Parti er hielte/auffs euserste zu schützen. Man sahe
wohl/ daß Sobieski wegen seiner großen Macht und Anhangs vor
den

den andern die Ober-Hand behalten würde. Die zwey Pars rüsteten sich gleichfalls mit ihren Trouppen, welche aber weder so starck noch des Kriegs satsam erfahren/ das Interesse der Königin zu behaupten. Sie wusten/ daß der Hertzog von Lothringen mit einer ziemlichen Armee in Schlesien stunde/ welche/ wenn sie sich mit ihr conjungirte/ ziemlich starck seyn würde. Diese Gedancken setzten diejenigen/ so auff nichts als das Auffnehmen des Staats dachten/ in grosse Furcht; Allein die göttliche Vorsehung/ welche Polen mit barmhertzigen Augen ansahe/ und es allbereit aus der Türcken Dienstbarkeit errettet/ wolte solches auch von dem Unglück eines innerlichen Krieges befreyen.

Der Wäywode von Reussen hielte eine Rede/ in welcher er zeigete/ daß weil die Königin den ihr angetragenen Gemahl nicht annehmen wollen/ so wäre die Republic von ihr loß: man hätte mehr vor das Haus Oesterreich und Teutschland gethan/ als ihre der Republic erzeigte Guthaten verdienten. Man solte/ ohngeacht der Lithauer Widerspenstigkeit/ einen Piasten erwehlen/ und dadurch der gantzen Welt zu erkennen geben/ daß wenn man einen Ausländer erwehlen wollen/ solches nur/ um den Neid zu vermeiden/ geschehen/ welchen die Erwehlung eines Polen ohnfehlbar nach sich ziehen würde/ weil sich so viel zur Cron geschickte Subjecta in diesem Königreiche befänden. Nachdem aber dasjenige/ welches er vorietzo nennen wollen/ alle andere weit übertreffe/ hielte er vor rathsam/ solchem die Crone zu schencken. Er nennte zugleich den Cron-Groß-Feld-Herrn Sobieski, dessen gantzes Leben zum Dienst der Republic gewidmet/ welche auch noch anietzo die Früchte seines letzten Sieges geniesse/ und daß dieser Vortheil nur ein Vorspiel des Glücks/ so der Staat von ihm zu hoffen/ wäre. Endlich so wäre auch billich/ demjenigen die Crone zu geben/ welcher die Republic wieder in den Zustand solche zu verschencken/ gesetzet.

Der Reussische Adel ware von ihres Bischoffs Meynung dergestalt eingenommen/ daß keiner seine Wahl-Stimme abschlage. In dieser Provinz ware Sobieski gebohren. Der Wäywode von

Cra-

Cracau nebſt dem übrigen Polen folgte dem Exempel dieſer Land-
ſchafft. Es ſchlugen ſich auch einige Lithauiſche Wäywodſchafften
auff Zumuthen des Fürſten von Radzivil, Lithauiſchen Vice-
Cantzlers zu dieſer Partey/ und bemühete ſich ein ieder des neuen
Königes Gunſt zu verdienen.

Der Groß-Cantzler von Lithauen verließe nebſt ſeinen Freun-
den die Verſammlung/ ſolches geſchahe gegen Abend um neun Uhr/
und man konte ihn nicht wieder zurück bringen. Er thäte zugleich
eine Proteſtation an den Ober-Richter/ und bezeugte/ daß die
Wahl wider die Reichs-Geſetze lieffe/ welche wolten/ daß der König
mit des gantzen Adels Bewilligung ſolte erwehlet werden.

Des andern Tages/ welches den 20. Maji war/ kam der Li-
chauiſche Adel in die Verſammlung/ verließe aber ſolche/ nachdem er
ſeine vorige Proteſtationes wiederholet/ alſobald wieder. Man
ſendete einige Abgeordnete an ſie ab/ welche ſie wieder zurück holen
ſolten/ allein ſie gaben zur Antwort/ daß ſie die Sache zuvor überle-
gen/ und alsdenn ihren Entſchluß dem Senat wiſſen laſſen wolten.
Die Polen und Lithauer/ welche ihre vorige Parti verlaſſen/ wolten
den Biſchoff von Cracau zwingen/ Sobieski zum Könige zu ernen-
nen. Dieſer Prælat ſahe wohl vorher/ daß eine ſolche Übereilung
viel Unheil nach ſich ziehen könte/ verſchobe es demnach biß auff den
andern Tag/ und ſchiene/ als wenn er durch dieſen Auffſchub einen
innerlichen Krieg vermeidet.

Die Lithauiſche Deputirte gelangeten kurtz hierauff an/ ſolche
waren Pats Biſchoff von Wilna des Groß-Cantzlers Bruder/ und
Polubinski, nebſt einigen andern Officirern; der erſte führte das
Wort/ und nennte Sobieski nur Cron-Feld-Herrn/ als er aber ſeine Rede geendiget/ ſagte er/ daß er ihm ſeine Wahl-Stimme geben
wolte/ und bate die Proclamation biß auff den folgenden Tag zu
verſchieben/ damit die Lithauer zugegen ſeyn könnten/ und die Wahl
mit gemeinen Conſens des Senats und gantzen Adels verrichtet
würde.

In dieſes rechtmäßige Begehren, wurde leichte gewilliget/ ob-
ſon-

sonderlich weil man nicht vor rathsam hielte/ dergleichen tapffere Leute weiter zu erzörnen/ welche sich deshalben mit Schaden der Republic rächen könten.

Andreas Trzebicki, Bischoff von Cracau/ welcher an statt Czartoreski, Bischoff von Gnesen und Primatis Regni, so vor etlichen Tagen verstorben/bey der Versammlung præsidirte/ gieng den 21. May nebst den andern Senatoren dem neuen Könige entgegen/ um ihn mit desto grösserer Solennität zur Versammlung zu führen. Der Lithauische Adel fande sich gleichfalls ein/ und Pats ware geschickt genug auch mit seiner gantzen Familie zu erscheinen. Die Nennung und Erklärung Sobieski geschahen mit gemeiner Einwilligung/ so wohl des Polnischen als Lithauischen Adels. Hierauff wurde die Dancksagung in der Thum-Kirche zu Warschau gehalten/und die gewöhnliche Ceremonien unterm Schalle des zuruffenden Volckes verrichtet.

Die Veränderung des Cantzlers halffe nicht wenig zu Sobieski Erwehlung. Es verwunderten sich viele über seine Unbeständigkeit/ doch wurde solche von niemand getadelt. Denn iedermann schwebte der Unfall/ so dem Feld-Herrn von Lithauen vor 4. Tagen begegnet/ noch im frischen Andencken. Ein gewisser Edelmann beklagte sich/ daß dieser General Soldaten bey ihm einquartieret/ weil nun dieses der Freyheit des Adels entgegen/ als erklärete er sich wider ihn/ ohne die Sache zu untersuchen/ob es auff seinen Befehl/ oder seiner Feinde Anstifften geschehen: Sapiha selbst/der Wahl-Tags Director verdamnte ihn/ und nahme ihm das Wahl-Recht. Diejenigen/ welche ihm bißher gäntzlich anzuhangen schienen/ und denen er manchen Dienst geleistet/verließen ihn anietzo/weil sie seiner nicht mehr genießen konten/ und glaubten/ daß weil ihn das Glück verlassen/könten sie auch mit gutem Recht von ihm abtreten.

Elisabetha Clara de Mailly war viel beständiger. Denn weder das Unglück des Wäywoden von Wilna, noch die Gefälligkeit/ welche sie iederzeit vor den Cantzler ihren Gemahl gehabt/ viel weniger das Bitten ihrer Lands-Leute der Frantzosen/vermochten sie von der

der Königin/ deren Staats-Dame sie war/ abziehen. Diese eigen-
sinnige Großmüthigkeit giebt zu erkennen/ daß die Weiber/ ohngeacht ihrer Schwachheiten/ dennoch zu großen Verrichtungen geschickt
seynd.

Sobieski hatte seine Erwehlung denen Diensten zu dancken/
welche er der Republic geleistet. Franckreich halffe von seiner Seite durch den Bischoff von Marsilien auch nicht wenig dazu. Denn
als es sahe/ daß des Hertzogs von Neuburg Hoffnung gäntzlich in
Brunnen gefallen/ und er von seinem meisten Anhange verlassen
worden/ sammlete es die übrige zusammen/ und brauchte sie mit solchem Nutzen wider den Hertzog von Lothringen/ und vor Sobieski,
daß sie demjenigen auff den Trohn hulffen/ welchem sie doch vielleicht
nicht hinderlich seyn konten. Dieser erzeigte sich so viel ihm mög-
lich danckbar vor solche Bemühung; denn auff einen Tag so wohl
Polen mit einem Könige versehen/ als das H. Collegium mit einem
Cardinal vermehret wurde.

Die Polen verglichen diese Erwehlung mit des Käysers Ve-
spasiani seiner; denn sie funden bey diesen zweyen Fürsten einerley
Tugenden/ und nur ein eintziges Laster so zu straffen.

Der König legte den 5. Junii den Eyd ab/ verschob aber seine
Crönung biß auff den 2. Febr. 1676. welcher Auffschub einer sonderbaren Großmüthigkeit zugeschrieben wurde. Denn weil ihn der
Türcken Niederlage zum Trohn erhoben/ glaubte er/ daß auch eine
solche berühmte That vor seiner Crönung vorher gehen müste. Sein
Vorhaben war Caminiek denen Ungläubigen wieder zu nehmen/
ehe er noch sein Haupt mit der Crone zieren liesse. Allein zu seinem
und der Republic Unheil wurde dieses Vorhaben nicht werckstellig
gemachet. Es hätte ihm vielleicht eben so wohl als die Entsetzung
Wiens/ so er 1683. von der Türcken Belagerung befreyete/ gelücken
können. Dieses war eine sehr rühmliche That/ von welcher die Polen die Ehre/ die Teutschen aber den Nutzen trugen.

Sobieski regierte biß 1696/ und hat weder Caminieck noch
Podolien wieder unter der Polen Botmäßigkeit bringen können.
Sein

Sein Durchlauchtigster Nachfolger aber wird diese Ehre erlangen/ wenn ihm anders das Glück die gebührende Neigung nicht versaget.

Erwehlung Friderici Augusti, Chur-Fürsten von Sachsen.

Er Tod Johannis Sobieski, welchen die Polen so viel/ als dessen Meriten verdienet/ betaureten/ gab denen Europæi-schen Fürsten Gelegenheit von neuem um die verwitwete Crone zu werben. Denn ob gleich die drey hinterlassene königliche Prinßen das Scepter zu führen/ düchtig erachtet waren/ durfften sie sich doch wegen des Hasses/ so die Polen vor die Piasten tragen/hierzu keine Hoffnung machen/sondern sich mit dem reichen Erbtheil/ so ihr Herr Vater hinterlassen/ begnügen.

Oesterreich dessen Interresse wegen seines Kriegerischen Nach-bars hauptsächlich erfodert/an Polen einen getreuen Bundsgenossen zu haben/ bemühete sich nebst Spanien und Portugall nicht wenig/ seinen Schwager Hertzog Carln von Neuburg mit dieser Crone zu vermählen. Allein die Polen/welche sich iederzeit vor denenjenigen Fürsten gehütet/ so mit diesem Hause verbunden/ wolten sich auch an-ießo in keine unnöthige Gefahr setzen. Daher so wohl Neuburg/ als Lothringen und Baden vor sich nichts erhalten kunten.

Franckreich/ welches in diesem Seculo sich gleichsam in alle Europæische Händel melirt/gedachte auch Polen sich nicht besser zu versichern/ als wenn es ihm einen König von seinen Vettern gäbe. Den solcher würde nicht allein der Ottomannischen Pforte schlechten Abbruch thun/sondern die Käyserliche Progressen möglichst hemmen/ und hiedurch die Ludovicische Monarchie nicht wenig vergrössern helffen können. Dannenhero wurde der geistliche Staats-Mann Polignac bey vorstehender Wahl mit solchen durchdringenden und göldigen Recommendationen versehen/ daß er denen Geld-Be-gierigen Polen leichtlich ihre Crone abgeschwatzet. Denn nicht al-

N   lein

lein der Primas Regni Cardinal Radzieovvski, sondern auch die
übrige Senatores nebst dem meisten Adel allbereit die Louis d' or
vor das beste Geld hielten.   Allein die göttliche Vorsehung/ welche
dieses mächtige Königreich/ so durch den Geitz seiner vorigen Regenten und untreuen Nachbarn ziemlich ruiniret/ wiederum in seinen
alten Glantz setzen wolte/ schickte ihm einen andern Competenten;
dessen Vermögen und Tapfferkeit so wohl das Reich als Gräntzen zu
vermehren/ verhieße.

Dieses ware Fridericus Augustus, Chur-Fürst von Sach-
sen/ welcher denen Türcken genugsame Proben seiner Stärcke und
Heldenmuths zu empfinden gegeben.   Er thate der Republic solche vortheilhaffte Vorschläge/ daß sie dieselbe auszuschlagen/ sich nicht
kunte bereden lassen.   Uber dieses wurde er auch von viel hohen Abgesandten recommendiret/ und schiene/ als wenn vorerwehnte Competenten nur darum die Crone begehret/ damit sie ihre erhaltene
Stimmen zu den Füssen dieses Durchlauchtigen Chur-Fürstens nie-
derlegen könten.

Der eintzige Polignac bemühete sich vor Printz Conty, und
suchte täglich seinen Anhang zu vermehren/ und die Crone entweder
durch die Wahl oder Waffen zu erlangen.   Er liesse es weder an
Schmeichelung noch Verheissung mangeln/ beydes seine Parti zu
erhalten als verstärcken.

Anno 1697. den 26. Junii wurde bey Warschau der Wahl-
Tag gehalten/ und währete die Session von frühe Morgens biß halb
9. Uhr des Abends.

Nach dem Päbstlichen Nuncio, welcher die Stände einen
Catholischen zu erwehlen/ ermahnete/ wurden auch die übrigen Abgesandten derer Europæischen Fürsten zur Audientz geführet/ welche Insgesamt ihre Principalen mit den geschicktesten Lob-Reden recommendirten.   Es gienge sehr verwirret durch einander/ und
fielen die Stimmen bald auff diesen bald auff jenen / also/ daß es allein des Feld-Herrn Moderation zuzuschreiben/ daß es noch ohne
Blut-Vergiessen abgienge.   Doch blieb es endlich bey diesen zwey-

en/

en/ dem Chur-Fürsten von Sachsen und Printz Conty, dem ersten
stunden die Feld-Herren nebst der gantzen confœdrirten Armeé
bey/ dem andern der Ertz-Bischoff von Gnesen/ von Plockzco und
Schatz-Meister von Lithauen. Die erste Session gieng wegen Ein-
brechung der Nacht fruchtloß ab/ und die Senatores verfügten sich
aus dem Schoppen in ihre Läger. Den meisten Scrupel wegen
des Chur-Fürsten von Sachsen verursachte die Religion/ denn nach
den Reichs-Gesetzen das Polnische Scepter von einem Catholischen
Fürsten geführet werden muß. Nachdem aber der Herr Abgesandte im Collegio die Testimonia produciret/ daß solcher schon vor
zwey Jahren die Catholische Religion angenommen/ so war man bey
der andern Session schon etwas complaisanter gegen ihn. Seine
Vota vermehrten sich auch dergestalt/ daß die Contysche Parthey
fast rasend worden. Der Cardinal/ weil er fürchtete/ Sachsen mögte obtiniren/ trate nebst seinen Adhærenten aus dem Schoppen/
und proclamirte den Printz Conty öffentlich zum Könige/ in Mey-
nung/ die übrige Wäywoden und Trouppen würden seinem Exempel nachfolgen. Allein der Land-Boten Marschall Bielsky
protestirte hierwider/ und ließe das Vivat Elector Saxoniæ, Rex
noster Poloniæ ausruffen / da jene vor den Printz Conty mit
Feuer-Röhren Salve gaben. Der Bischoff von Cujavien ließe
das Te Deum anstimmen/ wozu alle Magnaten/ Feld-Herren und
Generalen fielen/ daß der Chur-Fürst 170. Fahnen bekam/ da Conty nur 70. hatte. Der Feld-Herr ließ hierauff die confœderir-
te Armeé heran rucken/ um das Vornehmen der Frantzöisch-Ge-
sinnten zu verhindern/ allein diese wendeten sich nach der Stadt und
S. Johannis-Kirchen/ um ihre Wahl darinn gleichfalls durch das
Te Deum zu confirmiren. Allein der Päbliche Nuntius hatte
solche aus Vorserge verschliessen/ und zu eröffnen verbieten lassen.
Immittelst marchirte die Sächsische Parthey nach der Stadt/ und
thäte im Vorüberziehen auff hundert Schüsse in des Cardinals und
anderer Contyschen Pallaste/ wiewohl der Cardinal bey der Separa-
tion bey nahe wäre ertroffen worden. Die Contysche Parthey ver-

kroche

kroche sich injwischen/ um den Zorn der Sächsischen zu entgehen/wel=
che des Nachts um 11. Uhr aus den Stücken dreymahl Salve gaben/
und das Vivat vor ihren erwehlten König ausruffen ließen.

Der Adel sagte/wenn er gewust/ daß dieser tapffere Held die
Crone verlanget/so hätte er die Senatores zu seiner Wahl bald zwin=
gen wollen. Injwischen hatte sich der Chur=Fürst nach Tarnowitz
verfüget/woselbst ihm die Crone durch eine ansehnliche Gesandschafft
præsentiret wurde. Ihro Majestät hatten einen vortrefflichen
Schoppen auffbauen lassen/ und sich in solche Kostbarkeiten gekleidet/
daß sich die Gesandschafft über dessen Pracht höchlich verwunderte.
Der Principal-Gesandte/Waywode Wolynski,wuste ihrer Ma=
stät hohe Person und vortrefliche Qualitäten so zierlich heraus zu
streichen/daß er das Generalat über die Teutsche Trouppen zum
Zeichen dero Königlichen Gnade erhielte.

Unerachtet nun die Wahl/ welche auff dieses Durchlauchtige
Haupt gefallen/ durch solche Gesandschafft genugsam confirmiret
worden/ so suchte doch die Franßöische Parthey solche auff allerhand
Weise umzustossen. Bald solte Conty mit etlichen 1000. Mann
nach Danßig kommen ; bald die Tartarn unter Caminieck einfal=
len/ welches doch nichts als ausgesprengte falsche Zeitungen waren/
um denen Polen eine Furcht einzujagen. Denn ob gleich der
Franßöische Neptunus, Jean Bart diesen Prinßen mit etlichen Ca=
per=Schiffen nach Oliva brachte/ so wolten doch die etliche tausend
Mann nicht nachfolgen/ und muste dieser Competente in der Qua-
lité eines Prinßen von Geblüt wieder zurück kehren; ich glaube
gänßlich/ er habe diese Reise zur Lust vorgenommen/um die Grän=
ßen desjenigen Landes von fern zu sehen/ dessen König er zu werden
begehret.

Der Moscovitische Czaar sendete injwischen einen Brief/ welchen der Cardinal auffgefangen/ an die Republic, in welchem er sie
ermahnete/ einen solchen König zu erwehlen/ welcher dem gantzen
Europa Nutzen schaffen könte/ seine große Armeé stünde bereit/der
Tartarn Vornehmen zu verhindern; wofern sie aber einen Fran=
ßöischen

dölschen Printzen annehmen würden/ wolte er alsobald die Helffte
seiner Armeé in das Königreich fallen lassen.

Der 15. September wurde zur Crönung bestimmet/ und der
Bischoff von Cujavien ließe die Universalien zu dem auff den 6.
Aug. 1698. angehenden Land-Tage allbereit publiciren.

Die Contyschen bemüheten sich inzwischen/ nicht allein die
Cron-Armee auffzuwiegeln/ sondern auch einen neuen Wahl-Tag
anzufangen/welches aber beydes ohne Frucht abgangen.

Unterdessen näherte sich Jhro Majestät dem Königreiche/ und
hielte den 12. Septemb. 1697. ihren öffentlichen Einzug in die Resi-
dentz-Stadt Cracau/ welcher über die maßen prächtig zu sehen.
Des andern Tages wurde des verstorbenen Königs Leichnam mit
nicht geringerm Pomp/ in Gegenwart Jhrer Majestät beygesetzet.
Den dritten Tag geschahe die Wahlfahrt zu Fuß auf den Casimirs/
worauff des folgenden Tages/ als den 15. Sept. die Cronung vom
Bischoff von Cujavien/ nach üblichen Ceremonien/unterm Schall
des zuruffenden Volckes verrichtet wurde.

Jhro Majestät bemühete sich nachgehends nicht wenig/ die ü-
brige Zwistigkeiten auffzuheben/welches aber noch biß dato wegen
des Cardinals und anderer Hartnäckigkeit nicht völlig geschehen können. Doch wollen wir hoffen/ daß GOtt/welcher das Scepter diesem glorwürdigen Helden geschencket/ihm auch die Ruhe/ solches zu
führen nicht entziehen werde.